管理者的假面

——

[日]安藤广大 著
石立珣 译

中国科学技术出版社
·北京·

北京市版权局著作权合同登记 图字：01-2021-7191

图书在版编目（CIP）数据

管理者的假面 /（日）安藤广大著；石立珣译. —
北京：中国科学技术出版社，2022.1（2025.7重印）

ISBN 978-7-5046-9420-1

I.①管… II.①安… ②石… III.①管理学 IV.① C93

中国版本图书馆 CIP 数据核字（2022）第 009243 号

策划编辑	杜凡如　杨汝娜	责任编辑	庞冰心
封面设计	马筱琨	版式设计	锋尚设计
责任校对	邓雪梅	责任印制	李晓霖

出　　版	中国科学技术出版社
发　　行	中国科学技术出版社有限公司
地　　址	北京市海淀区中关村南大街 16 号
邮　　编	100081
发行电话	010-62173865
传　　真	010-62173081
网　　址	http://www.cspbooks.com.cn

开　　本	880mm×1230mm　1/32
字　　数	100 千字
印　　张	6.5
版　　次	2022 年 1 月第 1 版
印　　次	2025 年 7 月第 2 次印刷
印　　刷	北京盛通印刷股份有限公司
书　　号	ISBN 978-7-5046-9420-1/C·187
定　　价	59.00 元

前言

为什么管理者的言行非常重要

大家好，我是识学株式会社的董事长安藤广大。

迄今为止，我运用"识学"这一意识结构学解决了很多组织的问题。

识学是什么？它是一门学问，可以帮助我们弄清楚组织内部存在的问题是如何产生的，又该如何解决。

截至2020年10月，已经有约1900家日本公司导入了识学。而且在2019年日本新上市的公司中，也有7家公司导入了识学。识学被称之为"当今最能促进公司成长的经营管理理论"，在此口碑效应之下，识学的运用和导入正在不断扩大。

当然，我们识学株式会社也在运用识学的管理方法。公司成立3年11个月便实现了母公司的成功上市。识学株式会社本身也有力地证明了识学的力量。

本书的写作初衷是希望基于识学的理论，传授新手管理者相关的技巧和诀窍。本书的适用对象主要是初次拥有自己的下属或员工的管理人员，也就是我们常说的中层管理人员。

实际上，刚刚晋升到管理层的时候，可以说是一个人一生中非常重要的时期。晋升为管理层，意味着自进入职场以来作为员工只为自己努力的时期正式结束，从此之后要更多地思考"别人的人生"或"将来的职业发展"。

未来无论是在职场继续晋升，还是自己创业，第一次与下属打交道时的经历，将是一个人走向管理之路的起点。所以，迈向管理之路的第一步是顺利，还是失败，为今后人生带来的结果也将大不相同。

晋升为管理者后的第一步如果失败了，在今后的职业生涯中，不仅可能会造成你在科长岗位上的失败、在部门经理岗位上的失败、在总经理岗位上的失败，你在自己创业或成为自由职业者后可能也会失败。

所以，"位居他人之上"的管理者都应该关注本书的内容。首先，新手管理者要知道的一件事是，"作为员工越优秀，作为管理人员失败的风险越高"。

越是优秀的人越容易出现的两种失败

管理者的失败，大致可以分为两种类型。一种是，认为必须细致指导下属的管理者，即像"要不那样做试试看?""如果这么做的话怎么样呢?"这样手把手地指导下属的管理者。另一种是，一味地对下属说"你们看着我做"，自己继续做着一线员工的工作，要求下属跟上自己节奏的管理者。

实际上，无论哪一种都不是好的管理者。前者，看起来是非常亲切、非常好的管理者，但是作为管理者如果如此细致地指导，下属会停止思考，无法成长。后者，看起来是非常有本事的管理者，但这样的管理者实际上没有担起他的责任，没有发挥他应有的作用。

我接触了约1900家公司，发现越是优秀的员工，成为管理者之后越容易变成上述两种类型。一旦有了自己的下属，往后要做的工作将不再是以往自己作为员工时的工作的延续，而是需要具备与以往完全不同的其他能力，那就是管理能力。

听我这么说，肯定有人会表示："我觉得自己当个员工就挺好，其他的无所谓。"

最近，宣称自己对晋升没有任何兴趣的年轻人越来越多。但是，实际上，对于大多数工作而言，作为普通员工的能力将在30多岁达到巅峰，之后随着年龄增长而逐渐下降。

想象一下，30多岁的自己，一方面要不断加强自我管理以保持健康的身体，努力读书和学习以不断提升自己的能力；另一方面还要面对结婚生子、养育后代、父母养老的问题，这样的你，如果和20~30岁的年轻人同台竞争，你能确保自己能赢他们吗？当你到了40岁、50岁、60岁，你还可以和20~30岁的年轻人一起探讨和切磋同样的工作吗？

手脚麻利的一线人才，肯定是越年轻越好。如果不趁早从"依靠手脚"的工作升级到"依靠大脑"的工作，当你的年龄逐渐增长的时候，你会感到越来越吃力。如果不具备管理者的能力，也就是我们常说的管理能力，你极有可能成为"可以被替代的角色"。

对于得不到晋升境况会更加糟糕这一现实，我们应该予以关注。

如果自己对晋升没有信心，那么请务必在某个地方或某个领域培养自己的管理能力。

领导型人才是天生的吗

那么，你的"领导范儿"是什么样子的呢？

当然，因人而异，有的人天生就有当管理者的样子，可以很好地发挥自己的领导才能。也可以说，有的人是从小在学校生活中就不断磨炼出了自己的人格魅力。这样的人拥有超凡的个人能力，善于用真诚的语言和热情打动别人，选拔学生干部时总能被推选为班长或学生会主席，开展兴趣活动时总能被选拔为队长。

当然，这样的人非常少，如果以一个班共40名学生计算，具备领导才能的学生不过1~2名。

那么，其他人怎么办？放弃当管理者吗？或者，从现在开始为培养自己的领导能力而改变性格吗？完全没有必要。

掌握一些思维方法，转换大脑的思考方式就行。仅这样做，你就可以成为一名优秀的管理者，超过那些与生俱来的管理人才。

什么方法这么厉害？就是一门叫作识学的学问，这门学问来自它的方法。本书将为大家介绍一种以识学为基础的武器——管理者的假面。

把握五个关键词

如上所述，当你面对下属时会想到很多事情。

比如，工作、家庭、人生。

特别是那些善于照顾人的管理者，这个时候总会不知不觉地想要关心下属，当时想到什么就顺便说些什么。但是，如果当时想到什么就说些什么，这样的做法可能会阻碍下属的成长。

做什么很重要。同样地，不做什么也很重要。作为管理者，应该聚焦的只是五个关键词而已，即规则、位置、利益、结果、成长。围绕着这五个关键词进行管理。不需要具备超凡的才能，也不需要具备特别的人格魅力。

在日复一日的工作中，肯定会碰到人际关系的问题和工作上的麻烦。这时，很多人的困扰就来了：作为管理者，我应该怎么办？

这时，就是五个关键词登场的时候。只聚焦五个关键词，不考虑其他额外的事情，这种做法，本书称之为"戴上假面"。

不过只言片语，事后能产生效果吗

管理者的工作有一个很大的目标，那就是促进下属成长，最大限度地扩大团队的工作成果。

举个例子，管理着10名员工的领导，他把每个员工的能力扩大到1.3倍，会怎么样？

0.3乘以10，从团队的整体表现来看，相当于增加了3人份的成果。这体现的是管理者的价值。但是，在这样的管理体系下，员工无法成长。

在领导和下属之间，保持恰到好处的紧张感是非常重要的。为达到这个目的，最佳的做法是戴上"管理者的假面"。谈话能抓住要点，有规则有评价，这样下属才会成长。这就是"优秀管理者的语言，在过了一定的时间之后会显现出效果"的真正含义。

使用温柔亲切的语言与下属谈话，即使当时让下属觉得这是位好领导，那些话也不会永远留在下属的脑海中，以后也不会起到任何作用。

"希望得到下属的尊敬。"

"要让下属觉得我很厉害。"

不把自己的"素颜"展现给下属，这就是"假面"的力量。而且，有了假面，即便不是领导型人才也可以做好管理。内向型性格没关系，声音不够大也没关系。只要把握关键要点，就能成为一名可以促进下属成长、带动团队提升成果的管理者。

"假面"会保护你

"假面"一词，还包含了心理学专业术语"人格面具①"（persona）的含义。

我们每个人其实都是戴着不同的人格面具生活。在

---

① 人格面具：由瑞士心理学家卡尔·荣格提出，他将一个人的人格比喻为面具，在不同的社交场合人们会表现出不同的形象，也就是戴上不同的面具。——编者注

公司，我们戴的面具是"员工""上司""下属"；在家里，我们戴的面具是"父亲""母亲""丈夫""妻子"。

那么，对于管理者来说，也有可以发挥领导作用的面具。

也许我们都希望能做原原本本的自己。但是，我们在与上司、下属、丈夫、妻子和孩子接触时，在不同场合使用的语言、表情、态度、言行举止是不一样的。因为，我们必须根据不同的场合做出不同的改变。

假如我们无论在什么场合都用同一副面孔应对，那么公司、家庭，进而整个社会都将无法正常运行。

就算你对"戴面具"这种说法有抵触，如果能想到"使用不同的人格面具，可以解决人际关系的问题"，那么你也会理解戴面具的好处吧。

与任何人相处都展现真实的自己，这是不可能的。真实的自我，在爱人、孩子、亲友面前展示即可。

其实，假面也是保护你的武器。它是防止人际关系中产生冲突的盾牌，可以阻挡来自他人的攻击。戴上管理者的假面推进工作，即便别人不喜欢你，也不至于否定你的人格。没有必要为每一件事情感到失落。

接下来请按照本书的内容，一项一项地纠正自己作为管理者在言行中所犯的错误吧。我相信你在管理团队时一定会顺顺利利。

为何公司没有改变

看完前面的内容，大家可能会简单地认为"这只不过是管理者个人的言行问题而已""自己的话语改变不了下属的人生，也改变不了公司的命运"。

但是，你们错了。管理者的误判和错误认识会改变组织。

"不行，这样下去就完了。公司必须要做出改变！"

有如此觉悟，并下决心做出改变的组织可以说有很多。但是，其中大部分组织采取的行动都是暂时的，没有为长远考虑。这很像骨盆矫正的治疗法。针对骨盆的问题施以相应的治疗，扭关节、按屁股，便可当场解决问题。但是，经过治疗本以为不再疼痛，然而过段时间同样的地方又开始疼了起来。于是，之前的治疗又不得不重新再来一次。而真正重要的事情是纠正日常的姿势。

以骨盆矫正的例子来说，因为本身站姿、坐姿、走路姿势不对，如果继续以错误的姿势走100步的话，那么就相当于骨盆的错位又积累了100次。如此这般累积下去，就算通过一次骨盆矫正治疗把错位的地方纠正回来，还是不可能从根本上解决问题让骨盆恢复正常。要想从根本上解决问题，必须纠正日常的站姿、坐姿、走路姿势。

　　同样的道理也可以用在公司管理上，对于管理者言行的纠正，就好比骨盆矫正治疗中的对日常各种姿势的纠正。和下属的每一次说话、沟通，下属汇报时给予的每一次反馈，如果发生偏差，一次次累积下去，时间长了就会衍变成很大的问题。

　　假设一个公司有30名员工，每天每人会与他人发生20次沟通，如果每人有2次沟通存在偏差，那么加起来一天就存在60次偏差。

　　如果持续1个月，会怎么样呢？持续1年呢？

　　像骨盆矫正一样来回反复，公司的"体质"根本不会好起来。

　　就算你想通过看很多书来提高自己，但如果日常的习惯不改，还是不会有任何变化。同样地，对公司来说，如果只是下决心改变这一回，便没有任何意义。所以，管理者重整旗鼓的"轴心"非常重要。

由领导层在日常管理中产生的"细小偏差"，经过时间的累积，会导致公司向不好的方向发展。而注意到这些细小偏差的时机，正是刚开始管理下属的领导生涯的第一年。

本书所写的内容，或许会与公司的方针、上一级领导和总经理的想法产生冲突。但是，对你而言，"位居他人之上"的作为管理者的人生之路，今后还很长。

所以，请务必将本书所告知的"轴心"坚持下去，努力成为一名优秀的管理者。

在自己的认知还没有被公司固有的思维模式僵化的当下，一定要掌握本书所告知的方法。

接下来，我们就一起来看看本书的内容吧。

目录

第二章

与下属保持距离：关于位置的思考

第三章

让下属捕猎"猛犸象":关于利益的思考

第四章

不要培养有表扬才进步的员工：关于结果的思考

第五章

引领鸟群高飞：关于成长的思考

戴"管理者的假面"之前的准备

在了解具体方法之前，我们先做个准备，即正确认识所谓的"思维定式"。你迄今为止所形成的思维定式会妨碍你理解本书的内容。

　　人的思维定式，其实就是思考问题时的一种习惯，它会制约和固化你的行为。希望你阅读完绪论后，可以彻底抛弃之前所持有的错误的思维定式。

　　在后续阅读本书的过程中，我想你会回过头来反复阅读绪论。请在反复阅读中不断更新和升级你的思维吧。

感性的管理者曾犯的错误

这是我的失败经历。

以前工作中的我，是一个非常感性的管理者，是人们经常说的那种言传身教式管理者。我经常和下属一起喝酒，耐心热情地听他们倾诉，我鼓励他们，激发他们的热情。

我虽然是管理者，但我像员工一样工作，拿出最好的业绩。我想下属看到如此努力的我，会自然而然地学习和模仿。我坚信这是正确的团队管理方式。

但是，我的下属却没能像我期待的那样成长起来。我的工作不断取得了很好的成果，但如果要问我的团队是否做出了最好的业绩，可以说完全没有。

如果我的业绩不计算在内的话，我们团队的整体业绩情况将不容乐观。那时我才意识到我的团队是多么脆弱。也就是在那个时候，我接触到了识学。此后，我的想法发生了180度大转变。

团队管理其实是数学原理的应用

学校一直在教导我们如何理解周围的情绪和气氛。作为一切学科基础的语文，要求我们理解作者和出场人物的心情，弄清他们的所思所想。写作文，其实也是测试我们是否具备体会和捕捉生活中的细微情感并能准确传达出来的能力。也就是说，我们所接受的教育仅仅是在训练我们"理解周围的情绪和气氛"而已。

对于团队管理，以前我一直把它当作语文看待。跟学习语文时需要分析和读懂文章的脉络、作者的意图、传达的感情等一样，我希望通过了解员工内心的真实想法，理解他们说的话，最终打动他们。我一直认为这是正确的团队管理和组织运营方法。

但是，自我接触识学之后，我的想法改变了。识学告诉我，在团队管理中，像数学和物理一样，也存在固定的公式。

运用数学原理管理团队和组织，组织的整体能力会变强。公式化的方式方法，不仅可以让我们在团队管理中少犯错误，而且可以作为固定的模式便于复制。

无论是有才能的人还是无才能的人、他们之间存在什么差异，只要真正去做，谁都可以做出成果。

在前言中我也曾说过，我被这种思维方法震惊了。为了让识学得到更大范围的推广，我成立了公司。

任何时候都要把个人感情搁置一边

我之前的失败经历，究其原因就在于感情，感情会妨碍团队管理。

上文中提到，做管理其实是数学而不是语文。没有人会感性地解决数学问题。"虽然知道1+1=2，但因为自己喜欢3这个数字，所以答案是3"，我想没有人会这么做。解决数学问题，只要按照公式计算就可以了。

在团队管理中，同一个公式如果未能让团队所有成员理解一致，会发生什么呢？

"1+1等于多少?"

有人会认为1+1=10,也有人会想:"虽然我觉得等于2,但是别人好像认为1+1=1。"对公式理解得不清晰的团队,需要经常核对每个团队成员的计算过程和答案是否准确,团队中因成员观点不同而频繁引起争论,结果造成每个成员的工作进度被拖慢。

但是,我让你把感情搁置一边,你肯定会说"没有人情味""总觉得太冷漠了,所以我不会去做"。

你会这么想是因为"把感情搁置一边"这句话撼动了你的感情。

不过,你也许需要同意我的观点。先假设管理如语文一般,看上去非常有人情味。那么,会发生什么呢?

团队业绩将提高不起来,最后连工作都无法维持;员工没能掌握更多的工作技能,能力没有得到提升,去其他公司或换其他工作也无法胜任。

这样的结局是你想看到的吗?

当然,我主张识学,并不是让管理者变成没有感情的机器人。戴上管理者的假面,也并不意味着管理者要一味地冷漠和严厉。

热情总会冷却

虽说应该把感情搁置一边，但也有需要管理者打感情牌的时机。

那就是"目标达成之后"。目标达成之后的情感会转化成动力。

因业绩不好而感到的懊悔，会转变成下一次更加努力的动力，业绩喜人所带来的愉悦，会正向激励员工认识到自己曾经做出的正确选择。两种感情都能对以后的行为起到促进作用。

反之，最不适合表达感情的是，从工作开始到目标达成之间的这段时间。这时，一定不要掺杂多余的感情。作为管理者，只需俯视静观，让员工自己去实现目标。

电影和电视剧也是如此。如果剧情全是团结友爱、和谐安宁、举杯欢庆、皆大欢喜，这样的情节不会让观众感动。

为实现目标不断尝试，虽屡战屡败但从不放弃，最终历经千辛万苦而达成目标，唯有这样的剧情才能让观众感动，才能打动人心。

很多公司喜欢开员工激励大会，或者把员工聚在一起高喊"加油！加油！"，营造热烈奋进的气氛。

也有团队喜欢下班一起去喝酒、去练歌房唱歌，情绪高涨之时员工纷纷表态"好激动，我要继续努力"。

其实这样的团队是最糟糕的例子。

对于人来说，高涨的热情一定会冷却。

"一起喝酒时烘托起来的热烈气氛，到了宿醉后的第二天，这样的气氛自然而然就消失了。"

"昨天还干劲十足呢，今天就好像换了一个人似的，变得像一条'咸鱼'。"

"昨天还在信誓旦旦说'我要好好做'的员工，今天却完全没有做出任何努力。"

类似的情况，在你的公司是不是也司空见惯？这不是员工个人的态度问题，而是人的意识形态本身就会发生这样的自然变化。

所以，不依赖于员工的热情和不在乎员工能力差的理论就变得特别重要了。比起让员工干劲十足地往前冲，还不如用平常心一步一个脚印地踏实往前走。而营造这种踏实往前的环境，就是管理者的工作了。

五个关键词让你焕然一新

如前言中所述,假面只是一个比喻。实际上指的
是,管理者为冷静从容地达成更好的成果而重整旗鼓,
也就是我所说的组织发展的轴心。

戴上管理者的假面,聚焦五个关键词进行管理。

这五个关键词分别对应本书的五个章节。在这里,
我先简单解释一下这五个关键词。

关键词一:规则。

不是指职场氛围,而是指用文字表示的明确的规章
制度和规范要求。

关键词二:位置。

不是指对等关系,而是站在上下级的立场上交流沟通。

关键词三:利益。

不依赖自身的人格魅力,用利益的有无来动员下属。

关键词四:结果。

不评价过程,只看结果。

关键词五:成长。

不看眼前的成果,选择着眼于未来的成长。

聚焦这五个关键词，从现在开始，对自己的管理工作进行纠正。不过，此时大家内心可能会有些纠结："如此管理的话，不会招人讨厌吗？下属不会离我而去吗？"

但是，请想一想。公司不是排解孤独的地方。因人际关系问题而导致的寂寞，也不应该在职场排解。

如果你讨厌孤独，请通过交朋友，或沉醉于自己的兴趣爱好等方式解决。排解内心孤独寂寞的方式，在公司以外的地方有很多。诸如此类的思维转变，对于刚成为管理者的你来说，是许多重要事项中的一项。

迄今为止，我见识了各种各样不同的组织，令我惊讶的是，竟然还真的有很多管理者想要在工作中排解孤独。他们坚持认为"必须把职场中的人际关系处理好"，并经常采取如下行动：

记住员工的生日，并在员工生日到来之时手写生日贺卡送给他。

准备乒乓球台和飞镖盘，午休时间和大家一起玩。

这些都是作为管理者特别容易犯的错误。因为他们希望培养与员工的感情，在他们看来"职场关系融洽了，业绩也就出来了"。

而事实却正好相反。不是因为工作氛围好才出业绩，而是有了好的业绩之后，公司的工作氛围才会变好。

这样的错误认识随处可见。那么，为什么会有这样的管理者呢？

病根在于动力

错误的根源在“动力”这个词。

根据下属的情况，有时要激发他们的工作热情，有时要给他们努力的理由，如果管理者经常考虑下属的工作动力，那么这样的管理者就是失败的。

当团队中的成员没有达成业绩时，如果他以“自己没有工作动力”为借口的话，这样的团队可以说已经完了。

作为管理者，一定要想办法把管理做好，不要让下属出现这样的情况。因此，本书的内容不会涉及“工作动力”这种说法。工作动力一词，在管理类书籍中是必定会出现的词语，但是在本书中我是坚决否定的。

正如我反复强调的，管理者的职责不是提高下属的工作动力，而是让下属成长。如何做到呢？相关的理论和实践方法，我将在各个章节中详细说明。

如果你能了解人类的意识构造，那么在人的意识中会出现什么样的错误认识、如何做才能回避和消除错误认识并让下属成长，这些问题的答案都会变得非常清楚。

具体怎么做？请在本书中亲自体验。

在绪论的最后，我们一起回顾前面所介绍的内容，为成为管理者做好准备吧。

在这里，我为大家准备了五个问题。在今后的管理者之路上，肯定会出现这样或那样的纠葛和麻烦。那时，可以用这五个问题问自己，让自己的认识做些改变。

实践

·········· 帮助你转变为管理者角色的五个问题 ··········

问题一：想成为好人吗？

以往的你一定和同事们保持着非常好的关系。但

是，当了管理者、有了自己的下属之后，你想要继续
保持良好关系的心情将影响你管理团队。

如果以前你是和下属保持良好关系的管理者，那
么，现在你首先要做的是与下属保持距离。

在世人的固有观念中，友善的人是好人。人变得
友善之后，表现出的威严感会减弱，所以会让人觉得
特别亲和。

而如果想让下属成长，管理者就需要表现出一定
的威严感，若在管理者身上感受不到威严，那么领导
和下属之间的紧张感会不复存在，最终上下级关系变
得亲密，这并不利于领导管理。

另外，管理者必须保证平等公平，不仅要平等公
平地处理团队内各项事情，还要让下属感受到自己所
在的团队是平等公平的，这点非常重要。

人是喜欢和别人做比较的动物。"只有那个人获
得了特殊待遇""同期入职的同事中，那个人的待遇
与众不同"，对于这样偏心的情况，下属会特别敏
感。所以，领导和下属之间一定要保持一定的距离。
主动和下属保持距离的管理者，其带领的团队会发展

得更好，下属也能得以成长起来。

问题二：能忍受等待吗？

优秀的员工，对于其他员工在工作中做不出成果的情况，有时候会无法理解。但是，做出成果是需要时间的。

管理者出手相助虽然可以减少下属的失败，但也相应地剥夺了下属学习的机会。所以，作为管理者，不能着急。

作为员工，应该把精力集中在半年目标或年度目标上。而职位越高，越需要具有长远的视角。

有的管理者可能会担心，在等待成果出来的漫长难熬的过程中，下属会不会忍耐不住而选择离开自己的团队，去了别的风头更盛的公司或团队呢？

对此，我能给的建议只有"等待"。

大学刚毕业进入公司的新员工，看到其他部门的同事每天开开心心、意气风发，可能会不理解："为什么自己的部门就这么死气沉沉呢？"面对这种情况时，作为管理者一定要忍耐。

　　管理团队是一场需要每天坚持的持久战。越是不擅长管理的领导，越无法静心等待。他们总是关注下属的工作热情和工作动力，随时准备插手做点什么。

　　其实，以鼓舞士气来驱动下属的方法并不可取。因为虽然最初的效果特别明显，但效果会慢慢减弱，然后又需要更大的刺激才能有效果。为了鼓舞士气，很多公司喜欢召集员工一起聚餐、喝酒。次数多了，就变成了例行公事，员工即使不愿意也不得不参加，这样的结局就是本末倒置了。

　　所以，请务必站在长远的视角，慢慢等待下属成长。

问题三：能和下属竞争吗？

　　作为管理者，认真听取下属关于一线工作的汇报非常重要，因为更了解一线情况的是下属。下属汇报的时候，如果管理者自认为有经验而自以为是，说出"以前是这样的""我自己曾经是这样做的"之类的话，会阻碍团队成长。

"我比下属更了解一线工作，因此下属听我的安排就好了。"这是一种错误的认识。作为管理者应该做的是充分倾听下属的汇报，并基于汇报内容做出判断。

抓着自己过去的经验不放，和下属"较劲"的做法是万万不可的。

管理者必须对团队负责，作为管理者只需要获取对做判断和下决定有参考作用的信息即可。作为管理者，并没有必要比下属更了解一线工作的情况。

有作为的管理者，是能做出正确指示的。而高于此标准或者低于此标准的事情，都不是管理者应该做的。

问题四：是否坚持管理优先？

与刚刚所述的问题三有共通之处，很多管理者到了领导岗位后却仍然把自己当员工看待。特别是刚成为管理者后，仍然像普通员工一样去做基础工作的"工作型管理者"占绝大多数。

其实当管理者后，最重要的本事是"即使自己的工作业绩不好，也能坚定地指导下属"。

不擅长管理的领导，当自己的工作业绩不好时，会变得特别不好意思，也特别没有自信，很多人会想"我自己的工作都做不好，还有什么脸去说下属"。

其实，员工和管理两个工作职责中，应该把管理优先。即便管理者个人没有达成实际的成果，但是团队的责任人仍然是管理者。无论何时，作为管理者更应该专注"团队的管理"。

可能你的上司会要求你："作为管理者，你首先要拿出最好的个人业绩。"

即便如此，请一定记住要把团队的管理置于优先地位。如果你的团队达成好业绩，你的上司同样会认可你的能力。相信这一点并耐心等待。请一定要坚持管理优先。

问题五：是否过度关注"员工会不会辞职"？

作为管理者，没有必要过度关注自己的员工是不是会辞职，不要把精力放在员工有没有可能提出辞职上。

与现行的公司规则不相符的人、个人成长意愿不足的人，他们想离职就离职吧，这也是没有办法的事情。

　　随着公司的发展，能意识到自己得到了成长的人，应该是不会辞职的。但是，员工离职是概率问题，这不是管理者的责任，是离职员工的问题。

　　这并不是抛弃弱者。基本的管理思路是让全员共同进步。严格来说，是让愿意努力的全员共同进步。

　　如果团队管理有方，无论员工能力如何，应该都可以得到成长。作为管理者，唯一能做的就是给予员工成长的机会。完全没有必要为了让员工不离职而刻意迎合员工。作为管理者最不应该做的就是，为防止员工离职而用"帮助员工成长以外的东西"作为诱饵引诱员工。比如，大幅降低工作目标让员工更易于达成；一周一次聚餐，听员工诉说烦恼；将员工旅行作为奖励。

　　这样的管理对于员工的成长来说，完全没有效果。带想要离职的下属去喝酒聚餐，并觉得自己做了一件对的事情，这简直是大错特错，纯属管理者的自我满足。

这一点和我提出的问题一也有一定的联系。作为管理者，如果履行了自己的职责，那么员工离职或不离职都不是你的责任，与你没有任何关系。

上述内容中，我介绍了作为管理者要问自己的五个问题，这些都是戴上"管理者的假面"之前要做好的准备。

这五个问题无一例外都是作为管理者需要确认清楚的核心问题。

未来的某些时候，你可能会对这五个问题的答案产生动摇，你的团队可能也会碰到一些危机。那个时候，作为管理者能否给出准确的判断，能否坚持管理的轴心而不动摇，将变得非常重要。

所以，在阅读本书的基础上，一定要反复用这五个问题问问自己。

第一章

让员工安心走过
十字路口：
关于规则的思考

听到规则二字，你的直观感受是什么？

恐怕是消极的印象吧。因为说起规则，就让人有种死板而且不自由的感觉。

但实际却相反。正因为规则的存在，我们才能享受自由。国家有国家的法律，道路有交通规则。因为有法律的保护，我们才能安心地开展商务活动，才能安全地在路上行走。

接下来，就针对管理者一开始就应该做的事情——制定规则进行说明。

为了不让自己的下属和团队成员因无规则而产生混乱，作为管理者首先要制定明确的规则来保护他们。

"随意就好"反而是压力

一说到"请遵守规则"，可能有的人会感觉好像被关进监狱一样难受。但对于遵守规则的人来说，有适当的规则反而会使他们更加轻松。打个比方，我们试着用几道暑假作业来理解。

"不限形式，不限内容，选择自己感兴趣的东西，自由研究然后汇报。"

"准备一张绘画用纸，画上自己喜欢的东西。"

你们都曾经有过这样的暑期作业吧？是否感到特别有压力？

那么，再看看下面这样的课题要求，觉得怎么样？

"选择一种自己喜欢的生物，进行研究，然后汇报。"

"首先在绘画用纸的正中心画一个大大的圆。然后根据所画的圆展开想象，把联想到的内容画下来。"

后面两个作业题目中，只是增加了"生物""大大

管理者的
假面

的圆"这样的要求，做作业的人的压力一下子就会减少很多。

管理者要做的更加重要的事情，便是"制定明确的规则"。

现在，在室外步行的时候，没有人会因为交通规则而倍感压力吧？虽然交通规则很多，但是道路上的车辆都在有序地行驶。反之，如果没有明确的交通规则，道路状况将变得混乱不堪。

规则的制定者和遵守者

运营和管理一个组织，规则一定是必需的。制定与实际业务相关的规则是管理者的职责。只是规则发布后一定要严格执行。而在执行过程中，如果掺杂了个人感情，就会出现很多问题。

"那位员工已经达成了业绩目标，迟到也没关系。"

"已经晋升了，那位员工不做这些工作也可以。"

"我看不惯他，一定要严厉警告他。"

"社会招聘来的新员工，按照他以前公司的做法来吧。"

如果团队中出现了诸如此类的例外，那么团队将会变得非常难管理。

"因为有特别紧急的事情，所以即使看到红灯我也闯了过去。"这样的车辆，就算只有一辆，一旦放松规则允许通行，那么道路会一下子陷入混乱。

公司也是一样。

"允许那个人那么做，为什么不让我做?"团队中一旦有这样的声音出现，其他人也会七嘴八舌地抱怨不停。

领导和下属，本来就是规则之下的产物。因为这两者本身就是基于规则而生的关系，所以要持续维持这样的关系就必须得有规则，这也是理所当然的事情，并不是说做了管理者就有多了不起。

公司也不过是为集合更多人的力量一起完成以单个人力量无法达成的特定目标而成立的组织。基于规则而成立的公司以及基于规则而建立的关系，这么看来，用规则管理肯定是正确的。如果在管理过程中掺杂个人感情，那么会使得员工的规则意识变得淡薄。

作为管理者，不要用个人感情去打动团队成员，而要把自己作为组织里的人，戴上管理者的假面，让员工遵守规则。

不要再互相察言观色

我还是以交通规则为例进行说明。

公司如果没有明确的规则，就将和下面的情况一模一样。

"虽然之前说过'可以随意开'，但现在你的车速已经到每小时60千米了。按规定每小时超过50千米就超速了。所以，你违规了。"

交警这么告诉你，并给你开了一张罚单，这时你会怎么想？你一定会想："为什么一开始不说清楚？"

作为管理者，千万不要犯同样的错误。

在某投资公司工作的员工曾说起自己的工作感受。

"公司倡导自由，但是当你真的自由行动时，管理者便会找你算账。所以，说是自由的，但实际上规则都是由管理者说了算。作为员工，我希望公司的管理者一开始就能把规则说清楚。"

如果规则不明确，那么对于下属来说就是压力。下属不得不经常关注管理者的脸色和情绪，察言观色。在员工不知道哪里可能埋了"地雷"的情况下，是不可能实现真正自由的。反过来说，在规则明确的公司，员工反而不会感到拘束，公司内部的人际关系也会好很多。

从消除彼此的急躁开始

我的公司员工们一直维持着良好的人际关系。因为公司制定了每个人都应该遵守的规则，他们都知道公司是工作的场所，这是公司内部共同的认知。员工之间不会有工作以外的接触，这样也就不会产生感情方面的摩擦。

根据识学的思路制定了明确规则的公司，员工们都表示"公司变得舒适了""能集中精力到工作上了"。

下面的案例是某房地产公司部门经理的经历。

在日常工作中好像烦恼的事情很多。此前部门经理自己承担了整个部门销售额的70%的绩效目标，他希望用自己的努力表现为下属树立榜样。

这是典型的没有明确的规则。

之后，该公司导入了识学，把下属应该遵守的事情写成了明确的规则。从那以后，每个员工的行为都发生了改变，团队因每个人的进步而发展迅速，团队成员之间的矛盾也减少了。

像这样，因为规则的存在，员工的紧张感和压力减少了。相反，因为规则多而导致员工的成长受到阻碍的事例，我倒没有怎么听说。

正因为有规则的限制，我们才能安心地走过十字路口。

规则的绝对条件是"每个人都能遵守"

关于规则的重要性，大家都了解了吧？接下来，我将就管理者应该做的事情进行说明。其实，管理者要做的事情就是"制定规则，并贯彻实施"。

规则总体说来可以分为两种。一种是"行动规则"，另一种是"态度规则"。

首先，行动规则其实就是关于业务的规定。比如，每天销售10件产品、利润目标1000万日元等。这些都是公司制定的与业绩目标相关的规定。

所以，对于这样的规则，有能遵守的人，也有不能遵守的人。当然，最后会依据员工的达成结果对员工进行评价。具体将在第四章进行详细说明。

本节将重点对后者"态度规则"进行详细说明。

态度规则不存在"能遵守和不能遵守"，因为这类规则是对员工态度的要求。

"什么场合要打招呼？"

"参加会议不能迟到。"

"每日下午五点前提交日报。"

这些都是对员工工作态度的要求。它们有一个特征，那就是"只要愿意去做，任何员工都能做到"。

所谓态度规则，就是作为员工应有的姿态。这些规则不存在谁能做到谁做不到的问题，所以如果员工做不到，那就是员工不愿意做或者说有意不遵守。让下属严格遵守基本的态度规则，是作为管理者首先要攻下的"第一城"。如果连这都做不到，那么作为管理者是不够格的。

规则促使合作意识产生

制定态度规则，并让下属遵守，其作用是非常大的。规则能让员工意识到"我属于这个圈子""我是公司的一员"。

在此，想象一下学生时代的情形。

如果我们都在遵守一个默认的规矩——不说坏话，那么我们会认为彼此是同一个圈子里的朋友。相应地，如果某人不再遵守大家一直默认的规则，那么大家肯定会认为"从此以后，这个人别想继续待在我们这个圈子里"。

公司不是学校，必须把规则落实成书面文字，并告知全体员工。

这时不能用口头告知的方式，要通过邮件或者共享文件服务器等可视化方式，通过正式的文本形式告知，还要确保随时可见、随时可取。

不同的公司、不同的团队，规则可以不同。极端地说，什么内容都可以。让员工遵守这些不存在"能遵守与不能遵守"之分的基本规则，是非常重要的。

有了这些规则，上级和下级、管理者和普通员工的关系才能建立起来。没有态度规则的公司，员工很难对公司产生归属感。

同时，规则不可因人而异。比如，"你只需要出席会议就可以了""你是月底交日报"，这些都是不可行的。

如果你制定的规则因人而异，那么员工对于公司的归属感会变得特别淡薄。

规则应该适用于全员，并且统一一致。所有人共同遵守同一个规则，意味着所有人同属于一个组织。这种意识，便是在统一的规则中建立起来的。具体的操作办法，我将在本章的最后进行详细说明。

克服下属的反对意见

在态度规则的实际执行中，会发生什么样的问题呢？

某人力资源公司曾经发生过这样一件事。

该公司的态度规则中有两条是"见面和分别都要打招呼""必须严守时间"。当管理者将规则传达给员工的时候，员工中出现了这样的消极意见。

"这样的要求，即使不形成明文规定，我们也会把它当作公司文化遵守，创造公司文化是我们的强项。"

但凡推出新的东西，肯定会有反对的意见。不管是人还是组织，都倾向于延续既有的做法。正因为如此，倡导将感情搁置一边的"管理者的假面"就特别重要了。

刚刚那个案例中的管理者，没有顾忌是否会被下属讨厌，他只是告诉下属"规则就是规则，必须遵守"。当下属没能遵守的时候，他会明确提醒"这回没有做到，请下次一定遵守"。就这样坚持了一个月，员工的态度发生了改变，从最初的反对变成了提出善意的意见。

比如："我好像能做到打招呼了，但是还没做好。""因为有规则，公司氛围好像变好了。"

在这个过程中，其实要求管理者做的，就是忍住并等待一个月。

刚刚我也提到过，无论什么规则都可以。"制定自己团队专属的规则"，也是一种做法。

其实，在我的公司还有这样的规定："上司一进会议室，全体成员就要起立。"当公司门口有客人在等待时，我们要主动上前询问："请问有什么可以帮到您的?"

一说到"制定规则并让员工遵守"，就会有人担心"这么做会不会导致员工离职""员工会不会讨厌这么做呢"。而克服这样的心理障碍，避免产生人际关系上的烦恼，正是管理者的假面的本质。

接下来，我们再进一步分析。

管理者的失职行为有哪些?

很多职场人士会因人际关系而烦恼。而在识学的理念里，没有人际关系这一概念。

上司有上司的职责，下属有下属的职责。所有人都按照规则办事，仅此而已。因为不会有额外的感情，所以不会在精神上感到疲惫。

在靠感情维系的公司里，管理者要想办法让下属喜欢自己，下属也在想办法让管理者喜欢自己。于是，就出现了人际关系问题，身在其中的人会因此变得疲惫不堪。

"我喜欢这个上司，所以我听他的。"这种情况乍一听倒是挺好的。但是反过来一想，这也就意味着一定有人会说："我不喜欢那个上司，所以他的话我不想听。"

喜欢与不喜欢，成了是否听上司安排的标准。这是万万不行的。制定明文规定并严格执行的组织，业务上不会被感情影响。其结果是，组织内部不会存在人际关系上的烦恼。

我也经常听到这样的声音："如果一个公司到处都是规则，会怎么样呢？"

我认为，到处都是规则比没有规则强多了。重要的是让下属从因无规则而产生的紧张感和压力中解放出来，获得自由。

团队中要注意的人物

对于团队和组织来说，需要注意的是"游离于组织之外的人"的存在。

"我们那个公司啊，流程慢得很，这样不行啊！"

"没有我在，看公司怎么运转！"

像这样只会评论的人，或者对自己的能力过于自信的人，难道你的公司里没有吗？

正确规范这些人的言行举止，也是管理者的重要职责。怎么做才能让他们产生对组织的归属感呢？必要的一点正是"让他们遵守组织的规则"。应该制定态度规则并让他们遵守。

即便如此，如果他们还是反对，不按规则来，那么在识学的理念里，这样的人对他所在的组织或者公司就是不适合的。

当然，作为他的直属领导，你是没有权限直接辞退员工的，需要上报给人事部门做最终决定。你能做的就是坚持凡事按照规则执行，不拿感情牌打动员工。即便碰到不遵守规则的人，也不能给予特殊待遇。

重要的是，一定要遏制内心想要打感情牌的冲动，不要有"我要让他喜欢我这个领导""让他认为我是个好领导"的想法，戴上管理者的假面去处理这件事情。

　　下面的内容是关于某餐饮店的区域管理经理的案例。

　　这位经理是跳槽到这家餐饮店的，他的营业额怎么也无法提高。他把原因归结于自己是空降领导，错误地认为营业额无法提高是因为"自己与一线员工的沟通不足，还没很好地融入公司"。

　　也就是说，"营业额"的问题被替换成了"沟通不足"的问题。即便是在这样的情况之下，做法还是同样的。

　　制定规则，然后专注确认下属是否在按照规则执行。不必再考虑眼前的人际关系问题，团队成员也会心无旁骛地专注推进业务。

　　后来，在所有区域经理中，他取得了最好的业绩。

　　所以，为了尽早让员工产生对组织的归属感，早日达成好的成果，专注规则的制定是非常有效的方法。

不可行的规则让全员混乱不堪

管理者要求下属遵守规则的时候，有两个重要的关键点必须谨记。一是主语不能含混不清；二是必须明确"谁、到何时、完成什么"。

听起来都是理所当然的事情。但令人惊讶的是，很多人真的做不到。未满足这两个条件的规则，都是"不可行的规则"。接下来我一一进行说明。

把自己作为主语

首先，关于"主语不能含混不清"这个关键点，用"有的管理者不把自己作为主语"来表达会更好理解。

什么意思呢？请看下面的例子。

"还是早点到公司比较好吧？"

"一般来说，见面或分别必须要打招呼吧？"

"这项工作如果不快点做，上面的人会生气。"

"就算做不了，也要跟部门经理好好解释一下吧？"

这样的说法是不对的。尤其第三句说"上面的人会生气",相当于自己和下属站在同一个立场,而与更上级的管理者形成对立的局面。这样的做法其实是一种逃避责任的行为,作为管理者是一定要避免的。

在下属看来,管理者放低了姿态和自己站在同样的位置,下属内心的紧张感和恐惧感会消失。但是对管理者来说,如果下属和自己成了朋友,上下级关系就变成了亲密的朋友关系,最终会阻碍下属成长。

这样的言行错误,特别是刚刚成为管理者的人最容易犯。

此时,在他们心里,作为普通员工的心情尚存,对于摆出领导的姿态还有些抗拒。如此下去,他们既不敢给下属下指示,也不敢负责任,最终沦为"只会察言观色的协调者""没用的上司"。

这样的失败案例有很多,甚至经常被人作为"段子"来调侃。只会逃避责任的管理者带领的团队是不会成长的。

如果职务再高一点,假如公司的"二把手"也如此胡乱管理,那可以说公司快要完了。由此可见,此类言行的危险程度非常之高。

明确"谁、到何时、完成什么"

第二个是明确"谁、到何时、完成什么"，与前文
所述的"把自己作为主语"同样重要。

举个例子，给团队成员分配打扫办公室卫生的工
作。那时，你有没有做出过类似这样的规定："办公室
应该打扫干净。注意到办公室脏了的同事，请率先主动
打扫。"

如果是这种"打标语、喊口号"的规定，最后谁也
不会去打扫卫生。

这是让下属产生混乱的失败规则的典型案例。

就算一部分下属主动打扫了卫生，但是他们会产生
"就我一个人在打扫，太亏了"的不公平感。含混不清
的规则会让做的人和没做的人之间产生不公平、不均等
的隔阂，最终整个团队会变得乱七八糟。

这项规则的正确写法应该是："请员工A在周一下午

四点前完成地板的清扫。"规则经过这样明确后，团队
成员对自己该做的事情就一目了然了。

对于员工A来说，周一以外的时间无须打扫卫生，
可以专注于自己的工作。对于团队其他成员来说，周一
的卫生已经分配给员工A，自己无须操心，可以集中精
力做自己的工作。

这样一来，因事项不明确而带来的隐形压力没有了，
管理者只需在员工没有按照规则执行的时候指出即可。

如果没有明确的规则，每个人都会暗自揣摩那些看
不见的规则进而变得疑神疑鬼，人际关系开始出现不
和谐。

"为什么大家都不做呢？"

"好希望有人能帮帮我！"

如果公司出现这样的声音，说明公司处于一个危险
的状态。

如果没有明确的规则，所有的事情都依赖员工个人
的判断，那么员工对于工作优先顺序的认知将不一致。
明确的规则可以让全体员工意识到公司存在的共同利
益，诸如"干净的办公室更好"等。

对于规则内确定的事情，不会再发生"要不要帮忙"的纠结问题，只需坚持"由已经确定的人员来做"就够了。

对于有规则的组织来说，不存在"需要靠察言观色工作"的概念，也不会出现诸如"要是小A能够察言观色就好了"之类的感情方面的摩擦。

改变工作方式的最佳时机

最后再介绍一个案例，是关于某咨询公司的部门经理，随着组织的发展壮大而一直烦恼着的问题。

跟过去的我一样，他也是一位非常关注下属状态的"嘘寒问暖型"管理者，善于关注下属的情绪。当员工状态不好的时候，他会给予鼓舞宽慰；对工作到很晚的努力奋斗的员工，他会给予表扬和鼓励；员工一旦签下订单即便是很小的金额，他会发一封邮件表示祝贺；他跟喜欢喝酒的员工一起去喝酒；下属有不懂的事情时，他也会非常有耐心地教。

最开始的时候，这样管理团队效果很好。但是随着公司发展壮大，团队成员逐渐增多，还是遇到了问题。

这是随着组织的壮大而经常出现的共通性问题。如果继续采用同样的管理办法，那么与部门经理的关系较为亲密的同事将被认为"受到部门经理的偏袒"，而其他同事则开始产生负面情绪。

烦恼之时，部门经理选择去了解其他部门的情况。结果他发现，"跟自己的做法完全相反的经理，反而将团队管理得有条不紊"。

但是要改变一直以来的做法非常困难。自己的方法曾经非常管用，所以他坚信自己的做法是正确的，人就是这样一种固执己见的生物。

但后来遇到了较大的问题，部门经理为了团队的成长，开始导入运用识学的方法。

部门经理改变了管理办法，据说最开始还遭到了一些老员工的反对。面对老员工的反对，部门经理没有妥协，而是戴上了"管理者的假面"。

只要继续耐心等待结果，在一段时间后，团队成员一定会意识到新的做法是正确的。当以往自己没怎么关注和照顾过的员工也拿出了工作业绩时，这位部门经理认识到了改变做法是多么的明智。

当他再去询问下属的看法时，下属告诉他："我们再也不用看您的脸色行事，太好了。慢慢地感觉工作更加舒适了。"

自己的团队能否成长，关键在于管理者是否愿意放弃对员工心情的关注。上文的案例很好地说明了这一点。

"我不说，你们也应该知道啊！"

"你们就体谅体谅我吧！"

这样的团队管理方法，请趁早放弃，不要再继续了。在没有规则的"无法地带"，强制员工察言观色，是不可取的做法。

正如之前介绍过的态度规则一样，"看起来简单但实则没有做到"的事情，能否想办法让员工做到，在今后的团队管理过程中，将呈现出不一样的结果。

最后，请允许我再说点严厉的话，连基本的态度规则都遵守不了的人，今后肯定也担当不了大事。

基于上述认识，接下来我们一起进入实践部分吧。

·················· 制定态度规则 ··················

接下来我们边回想这一章的内容，边试着制定态度规则。

假如你遇到一个问题，"开会时迟到的人很多"。

"开会的时候，应该按时出席。"

如果你营造出来的是这样一种体恤下属的氛围，那么这是你作为管理者的失职。因为出现这种因员工认知上的分歧而导致的错误，就是管理者的责任。所以，作为管理者首先要做的是制定谁都能做到的态度规则。

"全体成员，会议开始前三分钟请到位就座。"

制定规则时，一定要把谁、做什么写清楚。不可以只进行口述，哪怕是一次也不行。因为如果是口述规则，那么就给了下属唱反调的机会，下属可能会说"我没有听见""以前不是说会议开始前一分钟到就行吗"。

所以，公布规则时要采取事后也可以确认的方式，比如：

·给全员发送邮件。

·建立一个全员可见的共享文件夹。

·把规则写在纸上分发给全员。

并且一定要注意规则的主语是否明确。

× 因为上面的领导在说。

× 因为要让所有人都做。

○ 是我决定的，以后请严格执行。

作为管理者，制定规则时一定要明确表述该规则的责任主体是自己。

对于可能出现的反调，如"我不想改变一直以来形成的习惯""不想去记这些新的规则"，作为管理者不要惧怕也不要认输，大大方方地把规则传达给下属。

规则开始实施后，应该还会出现一些问题，例如：

"开会前正好来了个电话，电话无法挂断，所以开会迟到了。"

"我开会前15分钟就到了，我希望大家再早一点到。"

对于下属提出的这些问题，就当作一种信息好了。没必要看全体员工的反应，也没必要为了满足所有人的要求而改变规则。你作为管理者，要根据你收集到的信息做最终的判断。

如针对临时来了电话导致开会迟到的问题，可以发邮件补充一条规则：

"如遇重要电话，可以暂时挂断电话先参会，或通过短信等告知上司并获得上司许可。"

针对希望开会前再早点到的问题，明确告知下属"之前已经规定提前三分钟，没必要太早到场等待"。

像这样，只需根据了解到的信息做出决定即可。

此时，如果感性地担心"下属会不会讨厌我""员工会不会辞职"，那么领导的管理轴心会被打乱。要特别注意避免"会哭的孩子有奶吃"的情况发生。

另外，还有一个重要的事情，那就是不要认为"最初决定好的规则就是绝对正确的"。一定要经常从下属那里听取相关意见，如果判断"规则有误""规则还有不完善的地方"，那么进行修正再公布即可。

如果原来的规则有不足之处，就适当追加内容；

如果原来的规则有冗余的地方，就酌情删减；如果原来的规则晦涩难懂，就把规则变得通俗易懂。

不过，改规则的时候，又会产生感情上的纠结了。

有的管理者会担心，"已经定好的规则总是变来变去，员工会不会抱怨呢"。

这时，请戴上"管理者的假面"吧。

当规则有错误，或者存在不足之处时，就应该爽快地承认，并即时修正。

"开会前十分钟到场是错的，今后改为开会前三分钟到场。"

像这样结合实际情况对规则进行变更，是作为管理者与员工进行交流的正确方式。

上述内容是关于规则的制定方法，大家一定要掌握。

第二章

与下属保持距离：
关于位置的思考

近几年，青色组织①（Teal Organization）等一些新的组织架构概念流行起来。但是，如果直接把这些新兴概念应用到现在的组织里是非常危险的。好比向某人体内注入不同血型的其他人的血液，这个人的身体一定会出现排异反应，甚至会死亡。

　　同样，对于金字塔型组织②来说，也必须要导入和其组织结构相匹配的管理方法。在完美的金字塔型之下，组织能非常顺畅地运营。

　　接下来我将介绍作为管理者应该做的一件事：确定位置。

----

① 青色组织：一种新的组织机构模型，旨在将组织构建为一个有机的生命系统，一方面能够实现自主管理、灵活进化，驱动真实自我不断地成长；另一方面，又能避免过度讲求感性、多元、感觉行事的弊端，切实提高决策的水平。——译者注

② 金字塔型组织：企业的整个人事组织像一座金字塔，管理者高居塔尖，以制度化和法规化严格构建等级制度。——译者注

对金字塔型组织的重新评价

你所在的组织，是什么样的组织结构呢？

董事长在最顶层，下面有几位总经理分管各部门的业务，各部门有部门经理，之下是科长这样的中层管理人员，科长之下会配置几名员工。

组织的规模有大小之分，不过基本上都是金字塔型组织。像前一章中提及的员工对于规则有厌恶情绪一样，对于"金字塔型"这样的字眼，很多员工也对其感到厌恶。

确实，时代在变化，现在我们再去看日本那些无法维持良性经营的大企业，可能会觉得是因为其金字塔型结构出现了一些问题。

其实，这是一种误解。金字塔型组织自然有优势。在识学理念中，当考量组织的成长速度时，我们认为金字塔型组织是最合适也是最快速的。

如果你赞成青色组织等倡导没有高层管理人员和中层管理人员的组织运营模式，那我建议自公司创立时期起就采取这种新兴模式运作（即便如此，其实我也不是特别看好其能顺利运营）。

组织架构是金字塔型，但个人的思维模式又是青色组织型。这种"四不像"的做法是不可能将组织管理好的。在已经发展到一定阶段的公司里工作的人，必须尝试适合金字塔型组织的管理方法。

没有责任人，什么都做不了

我刚刚说过，金字塔型组织的成长速度快，那是因为做决定的人是确定的，责任方也非常明确。如果不事先确定好由谁负责，事情将无法推进。

举例说明，A和B两人要去旅游。如果他们两人只是一直在商量到底去哪里，那么他们的行程是确定不了的。改变一下方法，让经常旅游的A来决定旅游路线和具体行程，B只要跟着A走就行。这样的话，他们的行程将变得非常顺利。

当然，整个过程中B也不可能什么都不参与，但他只需要把自己注意到的事情和查询到的信息提供给A就可以了。

负责做出最终决定的还是A。旅行能愉快实施也好，计划失败也罢，都由A负责做判断。

如果人数更多，有三人以上，那就相当于是组织关系了。

但是，我们也经常听到这样的非议："在金字塔型组织中，上层的决定很慢，经常需要花时间等上层做决定。"

这是很大的误解。这并不是因为金字塔型组织不好，而是因为"组织的运营管理不符合金字塔结构"。

各级别的管理者所担负的责任范围不明确，管理者之间互相推诿塞责，谁也不做决定，导致最终做决定的速度变慢。

接下来是关于某制造公司的科长的经历。

他所做的不是对下属的管理，而是全部让下属自己做决定。即使下属前来向他请示，他也不做决定，而是询问下属希望怎么做，并让下属自己做判断。

虽然他没有做决定，但并不意味着他作为管理者可以不用负责任。充分理解自己的职责，对该做决定的事情不应该有任何的踌躇和犹豫。所以，作为管理者有必要深入思考自己所在的"位置"是什么。

弄清楚自己处于金字塔的哪个位置，判断下属提供的信息，知道自己需要做出决定的权限范围。

看看那些做得不好的企业中层管理人员就知道，很多人对自己所在位置的理解都是有误的。很多管理者只是在做"传声筒"，他们把下属所说的情况汇报到更高一级的上司那里，并等待上司的决定。这么做是不对的。你自己能做决定的事情，一定要自己做决定。

本章将针对管理者所在的位置进行说明，让我们一起学习对"位置"的理解吧。

所处的位置不同，看到的风景也不同

登上高山，便可以看到更远的地方。就算是自己每天居住的街道，如果你从稍微高一点的地方看，也会呈现出完全不同的景象。

我家附近流淌着一条美丽的小河，平时总觉得特别庆幸有小河的存在，但是如果从高一些的地方看，却发现一旦洪水泛滥，我住的地方就有被淹的风险。

站得高、看得远，越往高处走，能看到的范围就越宽广。这个道理也适用于你所在的组织。

在组织内部所处的岗位不同，所看到的景色也不同，需要看到的关键点也会发生变化。当然，团队的管理者和成员所看到的景色也不同。

董事长站在最高的位置，所以他可以看得最远。一旦发现前方出现敌人或危险，他必须提前做好准备，并下达攻击的指示。如果总经理只考虑眼前，推行让员工开心的措施，那么公司是没有未来的。

曾经有家信息技术公司给员工支付了过高的工资和奖金。公司经营成本过高，导致经营难以为继，最终倒闭了，其道理也是同样的。

位居高位的人，要肩负起看清未来并做出决断、采取行动的责任。

刚晋升为管理者的时候，是第一次走向"高位"，也正是改变视角的时候。现在的你，就好像是站在房间里的椅子和桌子上，摇摇晃晃，只敢往下看。这时，大家会因自己脚下不稳而产生担忧，所以有必要改变自己看问题的视角。是以"当前"为视角，还是以"未来"为视角？视角不同，采取的行动也不一样。

　　比如，对数据要求严格的上司，对于下属来说当前会觉得他非常讨厌。但放眼未来，下属会有这样的感悟，"曾经做数据的时候很痛苦，但是现在回过头去看真的非常感谢那时努力的自己"。这样想的话，你对这个上司的评价就会转变成正面评价。

　　相反，温柔的上司，对于现在的下属来说是非常好的管理者，但是长远地看，这样的上司其实不利于员工的成长，反而是不好的上司。

　　像这样立足未来进行思考，正是管理者的职责。

　　如果戴上管理者的假面，秉持位置意识，就可以做到将当前利益暂放一边而选择未来的长远利益。

　　养育孩子也是同样的道理。虽然孩子一直在说"我想吃点心"，但父母肯定不会只给孩子点心吃吧，还要给他吃他不喜欢的蔬菜，因为父母要考虑孩子的营养均衡。孩子吃的东西是要对长身体有益的。

不管是父母还是管理者，其实职责都一样，都需要站在未来考虑事情。

不是拜托下属做，而是安排下属做

理解了作为管理者的位置，接下来是关于下属的位置。让下属正确认识自己目前所处的位置是非常重要的。

本书并不是针对普通员工而写的，所以书中不会详细介绍作为下属应有的心理准备，但是如果下属对自己所处的位置有误解，管理者的工作将没办法开展。

接下来只针对管理者应该做的事情进行说明。那就是让下属明白到底是谁给他们评价。

人是在别人的评价中生存的。肯定会有人给我们评价，作为等价交换的结果，我们可以得到工资等生存所需的"粮食"。

这是社会运行的机制。为了得到"粮食"，我们必须正确认识"自己从哪里获得评价"。

在组织里，通常来说，普通员工是由自己的直属上司来评价，上司又由更高一级的上司来评价。处于组织最顶层的董事长，虽然在本组织中没有人评价，但他是由广大客户或股东等，也就是由社会来评价的。

听起来是理所当然的事情，但是在很多有问题的组织中，却没能做到这样理所当然的事情。

听到评价这个词语，你会不会想到下面的情况？

"不会有公正的评价。"

"上司根本没有关注到我。"

调查下属意见的时候，这样的声音肯定反复出现。因为管理者基于感情评价了员工。绪论中我曾写过，管理者必须公正地看待每一件事。其实这就是要求管理者戴上假面，只基于事实进行评价。

作为管理者不要拜托下属

平等，不是对等的意思。下属有没有"基于自己所处的位置来沟通"这一点非常重要。

比如，管理者给下属安排工作时，有没有用这样的说法？

"你有时间的话可否帮我把资料整理一下？"

"如果不想做拒绝也没关系，可不可以做一下这项工作？"

这样的说法是典型的弄错了自己所处位置的说法，混淆了平等和对等的意思。还没有脱离员工心态的年轻管理者最容易这么做。

这样的说法是错误的，原因有两个。第一，决定权在下属；第二，责任不明确。

决定权在下属的说法很好理解。下属只要说"不好意思，现在我很忙""我不想做"等，很容易就拒绝了你的工作安排。

另一个重要的事情就是"关于责任所在"。

本来，对工作的执行过程负责的是下属，对执行结果负责的是管理者。但是如果管理者让下属做决定，那么当执行结果不好的时候，管理者便可以向下属追责，比如"是决定做这件事情的你不好""你既然已经接受

了为什么不好好做呢"。

刚刚的说法，不是管理者在安排工作，而是管理者在拜托下属做工作。

管理者如果用这样的说话方式，则是把上下级关系看成了对等关系，或者说把被拜托方看得比自己的级别还高。像这种弄错了自己位置的沟通方式，一定要彻底改变。

管理者要习惯使用坚决的语气

接下来，介绍某广告公司的某位部门经理的经历。

这位部门经理经常小心翼翼地询问下属："你有意愿做这个工作吗?"一旦下属接受了他安排的工作，这位部门经理就说："按照你喜欢的方式做就行了。"完全把工作扔给了下属。

下属感到很迷茫，不知道自己所做的这项工作的责任所在。据说，经常出现下属直接去向这位部门经理的上司确认的情况。也就是说，管理一线业务的部门经理完全没有履行其作为管理者的职责。

于是我引导这位部门经理使用识学的思路，用坚决的语气与下属说话。

"这项工作就交给A，请完成合同的签订。"

"下周二下午三点前将资料整理完毕。"

像这样，尝试把每一项工作安排表述得果断利落、坚决清晰。

最开始，这位部门经理内心很抵触，他不大想表现出领导的架子。当然，肯定没必要表现得高高在上、目中无人，比如说出"行了，你给我闭嘴"之类傲慢无礼的话。但是，作为管理者，如果不负起责任来，不把该做的工作安排给下属，那么团队的工作也没办法完成。

最后这位部门经理也慢慢习惯了使用坚决的语气给下属安排工作，团队完成工作的速度也提高了很多。

另外，还有一种经常出现的错误说法，就是告诉下属某项工作附带的好处。

比如，"下次我带你去喝酒""下次开始，我会把这项工作安排给别人来做"等，安排工作时，通过褒奖或许诺的方式以期激发下属的工作热情。

在绪论中我曾说过，没有必要在意下属的工作动力问题。不管管理者还是下属，都不过是站在各自的立场，按照各自的职责和责任，从上而下安排工作而已。

给下属安排工作和让一个孩子做事是两码事。

确实有很多管理者喜欢在工作完成之后给下属买蛋糕或买饮料等，这可以说是管理者把下属当作孩子看待。这时，作为管理者的你可以戴上管理者的假面，不必再扮演一个好人。

不要总问进度

管理者指示下属时，必须要明确一个内容，那就是"截止日期"。

经常看到的情况是，管理者用的是拜托的口吻指示下属说："你有时间的时候做就可以了。"这样的做法是绝对不行的。

如果下达指示时没有给一个明确的截止日期，那么在工作进展途中管理者就不得不向下属确认："那个工作做得怎么样了?"

　　指示是自上而下的，那么指示下达之后的汇报应该是自下而上的。因此，必须要有截止日期。不管多么细微的工作，都需要确定好截止日期。

　　像这样给下属下达指示："请下周三上午十一点之前完成。"

　　如果时间来不及，下属可以回复你："现在手头有别的工作在做，下周五上午十一点之前可以完成。截止日期可以延迟一点吗?"

　　像这种基于事实的对话，是下属为了完成自己的工作而进行的发言，没有什么问题。建议团队内经常保持信息公开，可以根据当时的实际情况来做判断。

　　这样的工作安排方法，可以让大家正确地理解自己所处的位置。

　　管理者给下属下达指示的时候，正是我在前言中所提到的"日积月累的偏差"容易产生的时候。如果管理者采取的方法不正确，可能会让组织走向崩溃。

　　请一定要掌握能准确体现管理者所处位置的说话方式。

没有压力的"报联商"

对于位置的概念，一不注意就容易忘记。为了避免这种情况发生，也有平时就能让下属确认自己位置的方法，那就是"对于报联商的管理"。

报联商，指的是汇报、联络、商谈。这里主要对汇报和联络进行说明（商谈环节有很多注意事项，将在后文中进行详细说明）。

最近流行的说法是不需要报联商，"下属自主采取行动"的说法更受人们的推崇。这样的做法会带来一个结果，那就是"学会成长的人，将越来越优秀；而差劲的人，如果任由发展，则将一直差下去"。

识学的理念是以"全体员工得以成长"为前提条件。基于此，报联商一定是有效的办法。

针对总也做不出成果的下属，可以采取的做法是"以报联商为契机，增加管理次数"。当员工做出成果之后，管理的次数可以逐渐减少。

与态度规则一样，一听到"报联商"，就会有很多反对的声音出现，如"太麻烦了""不自由了"等。

　　确实，汇报和联络时如果被管理者责备"这不是还什么都没做吗""你都在干些什么"，那下属肯定会感到非常有压力。为避免被责备，下属会选择隐瞒错误和推迟汇报失败的工作吧。

　　汇报和联络的滞后会阻碍组织的发展。当然，汇报的时候，管理者过于夸张的表扬也是不可取的。

　　"你看你挺厉害的啊""一做就做出来了"，这种过于夸张的表扬会让下属误以为自己做了一件了不起的事情。这样，下属判断自己能做好的标准无意间就被降低了。

　　所以，重要的是"进行机械式的报联商"。这时候，要用上管理者的假面，这一点很重要。

　　某会计师事务所的管理者曾经遇到这样一个难题："复杂的案子无法交给下属来做，全部需要自己完成，时间根本不够用。"

　　他是位新手管理者，总认为"自己来做的话速度还要快一些"。一旦把工作交给了下属，他总会在意工作的进度，并经常向下属详细确认，据说最后反而导致整体工作速度变慢了。后来，这位管理者制定了明确的汇报规则，要求"负责具体工作的下属每日三次定时向自己汇报工作进度"。

此后该管理者一直坚持工作进度不靠自己催促，由下属主动汇报的做法。就这样，他花在管理方面的时间大幅缩短，下属也能明确自己工作的截止日期并自主开展工作。

从下属的角度看，报联商有时候是件特别麻烦的事情。

"如果我没做好，就会挨骂。"

"我只想在能受到表扬的时候去汇报。"

在下属的想法里，实际上有很多情感上的顾虑。

为了顺利完成报联商，管理者既不表扬下属也不责备下属，只是"机械式地听取下属汇报事实"的态度特别重要。

对于汇报的内容，如果给予感情方面的评价，比如"需要继续多做点""做得挺好的"等，慢慢地下属就不向自己汇报了。

关于报联商的具体做法，我会在本章的最后进行详述。

误以为下属希望被亲切对待

反过来，上司去找下属进行确认的做法也是不可取的。

前面刚刚提到的那位觉得"自己来做的话，速度还要快一些"的管理者，就是因为过于频繁地向下属确认工作进度而导致了管理上的失败。

现在，管理者和下属进行一对一会议的做法受到人们推崇。管理者亲切地询问下属"最近的状态怎么样""有没有什么难题需要帮助"等，像心理咨询师一样，一个问题一个问题地跟下属聊天，以此来激发员工的工作热情。

读过本书前面内容的你一定知道，这种做法弄错了领导和下属的位置。

某美容院的经理曾因一对一会议而导致业绩迟迟不增长而烦恼。

他特别重视下属的心声，几乎每天都要听取来自一线人员的说法。这样一来，作为美容院经理的基本职责"达成店铺销售目标"和"促进下属的成长"，却没能很好地履行。显然，这位经理错误地把"亲切对待下属"作为经理应该履行的基本职责。

"下属肯定希望管理者能对他们亲切一些。"

如果管理者产生了这样的错误认知，会非常麻烦。你可能会不理解，觉得管理者亲切对待下属，只要没有恶意就没什么问题。

但是，请你回忆一下自己当下属的时候，你希望的应该不是管理者是否亲切对待你吧。

如果下属希望自己说的关于完不成工作的理由能被接受，那么他肯定希望管理者愿意听自己解释。

可以说，亲切对待下属的领导其实是在把自己阻碍下属成长的状态正当化。作为管理者，越早注意并纠正自己的想法，下属就能越早做出业绩。向下属确认工作进度，实际上只不过是向下属获取信息而已。

"汇报、联络"与"商谈"不同

在前面的内容中介绍了汇报、联络、商谈的重要性。其中，商谈需要特别注意。

上文介绍的美容院经理，就是因为只顾着与一线员工沟通而阻碍了业绩的增长。

需要上司介入商谈的情况有以下两种。第一种是需要对"以下属的权限无法做决定的事情"做出判断的时候。第二种是下属无法判断"是否属于自己可决定的权限范围"的时候。

第一种具体指哪些事项呢？比如，下属希望推行的措施超出自己所拥有的原定预算额度，下属无法自行判断是否可以执行。

第二种指的具体事项如下，比如在处理客户投诉的时候，客户要求"把你的领导叫来"。就算已经把处理一线工作的所有权限交给了下属，但是要不要叫管理者出面这件事，作为下属来说自己肯定决定不了。这时候，下属要找管理者商量，然后由管理者判断自己要不要出面。

管理者绝对不可以介入的情况是，很明显以下属的权限可以决定的时候。

比如，如果下属来找管理者商量"到底给客户做什么样的提案比较好"。对此，如果管理者说"这种内容比较好"，那么会产生什么结果呢？本来是下属的责任范围，却变成了按照管理者说的内容去提案。

这时，管理者应该明确告诉下属："这是需要你自己决定的事情，在你看来什么样的提案对客户最好，你做什么样的提案就好了。"

管理者介入商谈时，如果超出了必要的范围，会使得下属的权限范围被压缩，并且还给了下属找借口的机会。

消除"职权骚扰"的问题

第一章介绍了制定规则的方法，第二章介绍了"报联商"的做法。即便如此，还是有管理者心中会存在一定的心理障碍。原因在于对"职权骚扰①"问题的担忧。

"语气稍微强硬一点，会不会造成职权骚扰啊。"

"不关心下属的领导，是不是职权骚扰的领导啊。"

对此心有疑虑的人有很多。当然，使用粗鲁的语言

① 日本厚生劳动省将职权骚扰定义为：凭借自身地位、信息技术等专业知识以及人际关系等职场优势，超出正常业务范围给人造成精神和肉体痛苦或恶化职场环境的行为。——译者注

和不讲理的态度是绝对不行的。但是，因为担心有职权
骚扰的风险，而"不敢给下属提要求、下指示""所有
的一切由自己承担"的做法，也是有问题的。

实际上，如果彻底执行识学的理念，是不会引起职
权骚扰的问题的。

为什么呢？如我之前介绍过的那样，识学要求管理
者把感情搁置一边，用规则管理，基于各自的位置沟通
和交流。

如果只是规则的制定和执行，是没有余地掺杂感情
的。因为管理者的位置居于下属之上，如果下属误会了
管理者的话，作为管理者要想方设法让下属弄明白。管
理者自认为必须要强势，所以才会用威压的方式管理下
属。或者管理者认为自己对业务特别熟悉，所以对于下
属的无知，管理者总会给很多超出必要范围的指正。

其实，领导和下属不过是基于社会规则而成立的一
种关系。领导与下属的关系并不像无须社会规则约束的
朋友关系那样，强大的人和熟悉的人拥有更多的力量。

有明确的规则，然后基于规则平静地指出下属是否
按规则在执行，这样的做法不会构成职权骚扰。

在"红灯停"这种明确的交通规则面前，如果只是按照规则行事，那么不会存在掺杂感情的余地。如果有人不遵守规则，你予以指出，别人却骂你"职权骚扰"，这反倒是一件好事。正好借此机会锻炼自己，戴上假面，做堂堂正正、理直气壮的管理者。

成为能忍受孤独的管理者

人们都说总经理的工作其实是孤独的，的确如此。

曾经在一次采访中，主持人问我："公司的员工是你的家人吗？"我回答："不是，员工是一种功能。"这句话把主持人吓到了。

但是，事实就是这样。在我的公司里，员工很少说私人的事情，与别的公司相比，我的公司特别安静。在井然有序的环境中，全体员工认真地做着自己的工作，业务进展得非常顺利。

在金字塔型组织里，职位越高，越孤独。

刚刚成为管理者时，很多人无法接受身居管理岗位所带来的孤独，不知不觉间选择了和下属成为朋友。

接下来介绍某餐饮公司的一位部门经理的经历。

因为前任部门经理交接给他的工作很少，这位部门经理到岗之后向下属询问和了解了很多关于工作的事情。渐渐地，下属形成了"由自己来告诉部门经理相关信息"的错觉，下属变得不听部门经理的安排了。

下属不害怕管理者，说明下属没把管理者放在眼里。为了改变这种错误的关系，这位部门经理刻意和下属保持着距离。

但是，随着与下属沟通的减少，部门经理开始感受到了一个人的孤独。

"孤独寂寞"是任何一个组织的管理者都会放在嘴边的词语。但是，既然身居管理者的位置，孤独寂寞也是不得不承受的。后来，随着团队工作效率的提高，那位部门经理也就不在意那种孤独感了。

那么，感觉孤独寂寞的原因是什么？因为"学生气"。很多人都是高中或大学毕业后直接进入公司的。也就是说，工作其实是在学生生涯的延长线上。

进入公司后第一年或者还是新员工的时候，同期入职的同事年龄与自己差不多大，大家都带着"学生气"努力适应在公司工作的节奏。

唠唠叨叨的上司就和学校的老师一样，同期入职的同事经常在一起吐槽对公司的不满，发泄心中的情绪。但是，一旦你晋升到管理者岗位，肩上便被赋予了责任，也就意味着你不能再像以前一样充满"学生气"了。这时，你所感受到的就是"孤独"。

我希望大家把公司当作补习班，而不是学校。

相对于日本学校实行的"宽松教育①"，补习班的学习氛围则更加浓厚。在"宽松教育"下，学生更容易对学习懈怠，导致最后升学考试也容易落榜。而在补习班紧张的学习氛围下，则更容易考上理想的学校。这两个你会怎么选？

按照我的想法，公司类似于严厉的补习班。

"最近下属很少来找我喝酒吃饭。"这么想就对了，这表示你已经成了一名优秀的管理者。

---

① 宽松教育：日本政府从2002年开始全面推行"宽松教育"，内容包括降低课业难度、减轻学生负担、不公布成绩、减少学习内容等。——编者注

　　我也不和下属一起去喝酒。当然，我还是会参加商务饭局，和其他公司的总经理们一起吃饭。同样立场的人站在同样的高度，可以互相交流。成为管理者后，很有必要进行这样的思想交流。

　　所以，我希望你不要为了回避孤独寂寞而选择没有压力的学校生活，而是成为虽然严厉但能做出成果的管理者。

利用远程办公，与下属保持必要的距离

　　自2020年以来，随着新冠肺炎疫情的防控加强，远程办公越来越普及，领导和下属被强制拉开了距离。不必要的会议减少了、在下达指示时无须考虑员工情绪了、下班的聚餐也减少了……远程办公有着各种各样的好处。

　　这时，正是发挥识学作用的时候。所谓"管理者的假面"的本质，就是让领导和下属之间保持距离，不要因感情而影响工作。

可见，远程办公和识学所倡导的管理方法非常匹配。

社会形势变了，风气变了，这是发展形势缓慢的组织借此脱胎换骨的好机会。

领导和下属保持距离，是为了维持彼此之间的平等。让公司全员意识到"这个组织是平等的"非常重要。然而严格意义上来说，维持平等非常困难。

我的经历也是如此。在之前的公司时，一旦和下属之间的距离缩短，即便想维持平等，也总容易给同事留下我偏心某个下属的印象。当和下属之间距离太近的时候，稍微一点差异就会感觉很明显。

比如乘坐高铁的时候，一旦邻座的人使用了你们座位中间的扶手，你就会感觉不舒服。如果间隔只有1米，那么即使10英寸（1英寸=2.54厘米），也会感觉差距很大。相反，如果间隔为100米，那么10英寸就可以被当作误差来看待。

日本人即使不关心南美洲和非洲的国际问题，但还是会关注韩国、中国等邻国的事情。

公司也是同样的道理。所以，一定要尽可能地与下属保持适当的距离。

拉帮结派是"令人惋惜的管理者"

距离太近的话，还会产生一些弊病。下面是关于某销售公司一位管理者的经历。

这位管理者经常反对总经理的指示和安排。他的做法是拉拢下属，形成"小集团"，只按照他们自己的方法推进工作。公然和总经理作对，把总经理当作敌人，很明显他们的组织体系已经崩溃。

而这样的管理者很常见。

在之前的内容中也曾提到过，脱离组织核心体系的人，如果有一天晋升并获得一定的权力，他会一边反对更高层级的管理者，一边拉拢更多自己的追随者。

甚至还有人扬言"如果公司不接受我们，我们就离职"。偶尔受派系斗争的影响，公司中人员会产生分歧，其实这些正是公司内部管理不力导致的。

不听从总经理安排的管理人员应该做降职处理。

本书不是面向总经理的管理类书籍，所以不会涉及有关公司整体管理的内容。既然晋升为管理者，那么就有责任遵守更高一级管理人员的安排，并管理好自己的下属。对于自己所处的管理者位置，一定要保持清醒的认识。

上文所说的那位管理者，企图以离职要挟总经理。对此，如果作为上司的总经理选择了妥协，那么就会发生上下级位置的错位。

总经理应该采取的态度是毅然决然地告诉他："如果觉得不满意就辞职吧，没有关系。但是，如果留下，就必须遵守我制定的规则。"

后来那家公司导入了识学，改变了总经理的想法，稳住了公司的轴心没有被动摇。最终，那位管理者经过重新考虑，并没有离职，态度也发生了转变，变得遵守公司规则了。

假如总经理对那位管理者唯唯诺诺，其他员工会怎么想？

"会哭的孩子有奶吃"的先例一旦出现，那家公司的组织体系也就崩溃了。

确定好各自所在的"位置"这件如此简单的事情，竟然可以将公司从大危机中解救出来。

"喝酒交流"从此终结

"一会我们去喝一杯，边喝边聊。"

"我们两个人出去吃个饭吧，我想听听你真实的想法。"

在新冠肺炎疫情的影响下，这样的团队管理方式应该无法实施了。

"业务中应该指出的问题，直接在业务中指出"是理所当然的事情。所以，我们首先要在思想上进行改变。

社会上有一种风气，认为"愿意听员工解释的上司是好上司"。面对下属的解释，管理者回应道："好的，我了解了，你的心情我特别能理解，但是接下来还是希望你能继续加油。"这样的情况不是更糟糕吗？

就算是对一直以来关系不错的下属，首先要做的，也是与之保持一定的距离。如果担心突然与下属拉开距离会让下属不舒服，可以找个时间和对方真诚地说明你的想法。

可以开诚布公地与对方说："我希望我们团队比其他任何团队厉害，也希望大家比任何人成长得更快、发展得更好，所以我以后打算采取新的做法。"

说清楚之后，即使以后下属再来邀请你一起喝酒吃饭，你也可以以"已经改变了做法"为由予以拒绝。

　　其实，在我的公司里，连年末的公司年会也没有。在每年的最后一个工作日，我们最多会在公司里一起开罐啤酒庆祝一下，而公司全员一起唱歌、聚餐等我都不会组织。

　　对于管理者来说，割舍也非常重要。

　　"那个人，最近很冷漠。"

　　如果能听到这样的传言，那么恭喜你，这证明你已经具备一个管理者应有的行为举止了。

实践

························ 试试正确的"报联商" ························

　　在第二章中，我介绍了有助于下属正确认识上下级所处位置的方法——"报联商"的好处。那么，具体在什么样的场合下进行报联商呢？

　　比如，下面这样的工作需求。

·希望下属一天拜访3家客户。

你会如何给下属安排工作？

首先，请注意不要以"拜托"的姿态。

×"主要看你的意愿。假如你能去的话，可以拜访3家客户吗？"

×"今天可以拜访3家客户吗？等你回来我请你喝咖啡。"

类似这样让下属做决定的说法，或者提高工作热情的做法，是绝对不行的。

○"请每天拜访3家客户。"

像这样以坚决的语气安排工作，同时告知他明确的截止日期，并要求下属做好汇报。

○"无论是否按要求完成，都请于下午5点之前进行汇报。"

像这样将所有的要求提前明确告知下属。这是为了避免一天快要结束时下属却没有进行任何汇报的情况发生。

×"上午说的工作，怎么样了？"

管理者去向下属确认工作进度的情况一定不要发

生，这点很重要。

"工作结束后，向自己的领导汇报，不是常识吗？"也不要这样去责骂下属。如果最开始没有把工作安排清楚，没有明确工作目标，责任在于管理者。一定要采取正确的方法安排工作，让下属主动汇报。

接下来，假设下属来向你汇报。

"我只拜访了2家客户。"

如果听到这样的汇报，很明显下属没有完成当日的工作目标，作为管理者你怎么评价呢？

× "为什么没有完成？"

× "这样肯定不行！"

类似这样带着感情的评价是万万不可取的。

正确的应对方法是：

○ "没完成啊，那接下来你打算怎么做呢？"

对于没完成工作的事实，只要平静地指出来就好了，同时要求下属在以后的工作中进行改善。具体的做法，我将在第四章中进行说明。在这里，我只对如何进行汇报和评价进行说明。

下面是下属完成了工作的情况。

"我访问了3家客户。"

当下属汇报自己已经完成工作时：

× "你看，只要去做就能做好。"

× "太厉害了。"

没必要像这样夸张地夸赞。

○ "辛苦了。"

像这样只接受其工作成果即可。如果盲目表扬，会导致下属认为自己"完成得很好"的标准下降。其实仅仅是达成工作目标而已，而你若是盲目表扬则会让下属误以为自己做了一件伟大的事情。不仅如此，下一次如果没有得到表扬，下属可能会泄气。只有在完成情况大幅超过预期的情况下才应该进行表扬。

像这样不掺杂感情的"报联商"，会让团队整体的工作效率大幅提升。立即行动、立即汇报、立即思考、立即改善。这样一来，下属的成长速度也会加快。

上述做法是，领导和下属彼此不弄错自己位置的"报联商"的做法。只要严格执行这样的"报联商"，就一定不会发生"位置"的错位。不过，最开始肯定不会特别顺利。尤其是当下属没完成工作时，他们可能会找理由逃避责任，或者没有想好接下来的改善措施，这些状况都可能发生。避免其发生的做法，我将在第三章中进行介绍。

让下属捕猎
"猛犸象"：
关于利益的思考

管理者总希望下属说"我就跟着这个领导"，其实这样的想法是万恶之源。人一旦考虑做一件事是否有好处，那么他一定会在乎利益的多少。

　　"他是个好人，但是跟着他的话并不能成长"，如果下属有这样的想法，那么最终下属一定会离你而去。

　　管理者要做的事情是，让下属的目光转向"组织利益"。让下属意识到"组织利益是猛犸象的肉"，而个人利益来自组织利益，这才是正确的顺序。

　　作为管理者，要按照这样的社会机制正确规范自己的言行。

不要把下属的场面话当回事

人是以什么基准采取行动的呢？行动的契机是什么？

因为快乐而行动？因为心情好而行动？因为安心而行动？行动的契机有很多。但追根究底，行动的契机其实只有一个，那就是自己能不能得到利益。

不管是有意识还是无意识，人们都是在判断一件事对自己有利的时候才采取行动的。人类就是这样的生物。

有利益就行动，仅此而已。

反之，当得到的利益减少时会心生恐惧。这时，他们会朝着不减少利益的方向行动。

愿不愿意跟着某个管理者，其实都是以"自己能不能得到利益"来决定的。

下属如果判断在某位管理者的管理之下对自己是有利的，那么他就会跟着这个管理者。如果判断没有利益可言，那么就算管理者是个好人，也不会跟随他。下属真正想跟随的管理者，一定是可以给自己带来利益的管理者。

如果管理者对工作的要求特别严格，那么让下属意识到管理者的严格要求有利于自己多年后的成长，这是非常重要的。下属不是为了交朋友或谈恋爱来公司工作的，他们是为了开展业务、挣取收入而来的。

下属可能会说："工作只要快乐，我就满足了。""工作只要轻松，对成长有没有帮助无所谓。"

作为管理者，如果真相信了这些话，那就是管理者的失职。如果真的只是想做快乐的事情，那么应该是利用私人时间和自己的朋友或恋人在一起享受生活。如果真的觉得轻松的工作更好，那么他应该找一份所担责任较少的、类似自由职业者的工作。也就是说，无论哪种情况都不是管理者应该考虑的问题。在下属的心中，他应该也知道"只有快乐和轻松是不行的"。

人们并不总是言行一致，有内心真实的一面，也有表面上的一套。戴上管理者的假面，也可以看作是利用"表面上的一套"。

只要我们还身处在组织之中，管理者就要以"人人都有成长欲望"为前提管理下属，不要让下属成为"没用的社畜①"。

请戴上管理者的假面，看清利益到底在哪里。

先有组织才有个人

比起以往，现在社会上有更多人从事自由职业、兼职、副业，或者利用在公司上班期间提高自己的技能。甚至还有一种风气，鼓励人们持有"不被公司利用，而要利用公司做自己的事情"的想法。但是，我却认为如果员工能意识到"自己被公司充分利用了"的话，反而进步得更快。

我坚持认为，不管在哪里，有组织才有个人。不管多么优秀的人，只有他成为公司的一员，公司外的其他人才会叫他"A公司的×先生或×女士"，公司外的其他

① 社畜：网络流行词，是日本用于形容上班族的贬义词，指在公司很顺从地工作，被公司当作牲畜一样压榨的员工。——译者注

人认识某个人，一定会将他所在的组织和他联系起来。

凭一己之力生存下去的人是极少的。几乎所有人都是"靠自己对组织或社区的贡献程度"来获得对价①或收入的。不管是自己独立创业由社会评价，还是在组织中由上司评价，其本质上都是一样的。

不被公司评价，而由社会评价的人非常少。选择从公司辞职自己创业，接受社会的评价，反而难度更高一些。自己独立创业或成为公司最高级别的管理者，这两种都要直接接受社会的评价。要想得到更大的社会，即"社区"的认可，需要达到一定高度。

不管你是公司职员，还是创业者，作为这个社会的一员，必须拿出成果、做些贡献才行。所以，个人和组织不能分割。只有"在组织中的个人"或"有组织才有个人"的说法。

独立创业能成功的人，在组织里也能干得很好。一定不要弄错个人和组织之间的关系和顺序。

---

① 对价：一方为换取另一方做某事的承诺而向另一方支付的金钱代价或得到该种承诺的代价。——编者注

分配"猛犸象"

既然说到这里，那人们建立集团的理由是什么？是因为以集团的形式做事，得到的成果更大。

不知从何时起，终身雇用制①和按资排辈成了在组织中能获得的优势，其实，能确保雇佣关系的稳定并不是组织的唯一好处。

世界上有些事情只有集团才能做到。比如，当人们希望动用大量资源时，或者想要取得较大利益时，人们便会创建集团。

在很久以前，人类便组成了集体，大家分工合作，一起行动，去捕猎大型动物猛犸象。不是单打独斗地捕获小动物，而是大家联合起来，齐心协力狩猎比自己大很多的大型动物，然后分食它们的肉。

利用集团可以获得较大的利益，然后大家一起分配。这样一来，每个人能分配到的利益，其实比自己一

---

① 终身雇用制：个人在接受完学校教育开始工作时，一旦进入一个组织，将一直工作到退休为止，而组织不能以非正当理由将其解聘的制度。——译者注

个人单打独斗获得的利益多得多。同时，还可以对身处集团内的成员进行适当调整以使利益最大化，并以此驱动和管理集团。往往公司规模越大薪资也越高，其原因也是如此。所捕获的猎物越大，每个人能分到的部分也就越多。

也有人说"组织的好处是和伙伴之间的团结感和凝聚力"。当然，肯定有这样的好处，不过这是次要的。

一起捕猎"猛犸象"的集团，就好似大家一起吃一口锅中的饭，其结果当然是大家感情越来越好。很明显，先有肉之后才会形成伙伴意识。

在昭和时代和经济高速发展的时期，我们都相信了日本的高速成长。那时的日本民众，没有任何迟疑，选择了和猛犸象进行对峙。但是现在这个时代，因为将来的不确定因素太多，我们不再相信在组织中可以获得成长，人们感到非常迷茫。

识学能如此快速地发展起来，也正因为顺应了日本目前的社会形势。我们一直被教育"相比组织的利益，更应该把提高员工积极性和激发员工工作热情放在优先地位"，但是为此感到迷茫的企业经营者却有很多，推崇对员工工作动力进行管理的咨询公司也有很多。事实上，这种管理理论的实施效果并不尽如人意，因此，识学应运而生。

识学教给大家如何建立一种全体员工都为"组织利益"着想的体系。识学主张，首先将组织利益最大化，然后每位员工能分配到的利益也会相应增加。在一线，促使所有员工直面"猛犸象"，便是管理者的职责。

个人利益从集团利益中产生

接下来，我再说一些关于利益的话题。

从上文中介绍的内容可以知道，在"管理者的假面"里，没有"让集团迎合个别规则"的想法。在集团的规则范围内，个人可以自由发挥，这样做是没有问题的。但是，很多人却错误地认为"个人应该持有自己的主张，集团的做法应该符合个人的要求"。

具有代表性的例子就是在第二章中介绍的那位拉帮结派成立"小集团"对抗公司的管理者。正确的顺序应

该是，首先增加公司利益，然后才是增加个人利益。问问自己："在增加集团利益方面，我做了哪些贡献？"

如果想不到答案，那就很有可能是因为你平常的所想所做都是基于自己的利益之上，而周围的人也有可能是这么评价的。

刚升任管理者的时候，就应该开始考虑组织的整体利益，而不是只考虑自身利益了。好的管理者和不好的管理者，其差异就在于对于组织利益的思考上。不是看管理者是否被某一个下属喜欢，而是看管理者是不是站在提高团队整体业绩的角度看问题。

这么一想，你就能理解为什么"提高员工工作动力"和"增强与员工的感情联系"等做法是错误的了。

即便你的下属只有2~3人，但还是需要站在组织的角度看问题。作为管理者应该思考的是，要实现"为公司利益而工作"的氛围，自己应该怎么做。

比如，经营管理层还未注意到的信息，自己应该积极收集并提交给他们。

"其他公司推出了一项新的服务，我们的客户被抢走了。"

"以目前的业务量，必须每天加班3小时才能完成。"

与公司利益相关的信息，是需要各位中层管理者积极收集的。但是，如果是一位不为组织着想的管理者，他会说出如下言论。

"我们公司的服务完全不行，别人的公司太厉害了。"

"最近加班太多了，这样的公司真是不行。"

他们通过这样的言论，以求获得下属的认可。然而部分管理者产生的对公司不利的想法，可能会导致组织失去利益增长的机会。因此，作为管理者首先要为组织利益考虑，并做出正确的言行举止。

不会引起利益冲突的两大轴心

作为管理者，你可能会有很多烦恼。因为你是中层管理人员，一方面要考虑在一线工作的下属；另一方面还要承接上级下达的业务目标。正因为处于这种上下两面夹击的位置，所以经常感到焦头烂额。

在这种情况下，我希望你问自己一个问题："在你看来，上下两方面的利益有没有冲突？"

也就是说，这时候你只需要关注个人利益和公司利益是否存在冲突。个人追求的东西也能让公司获得利益，这样实现共同成长。

个人能收获"成长"这项利益，是因为他为公司的成长做出了贡献。只有个人追求的东西是"成长"，才不会与公司产生利益冲突，个人也能持续不断地获得利益。

员工追求的部分利益，如"希望和同事愉快相处""希望获得丰厚的福利待遇"等，有时候是和公司利益相冲突的。公司不可能将与公司利益相冲突的个人利益持续给予员工。

所以，管理者的假面对管理者本人的要求，就是多追问自己。答案问清楚后，应该做的事情就能很清楚了。

上文中我分析了有关组织利益的内容。如果我突然提及有关组织利益的话题，肯定很容易让人误会。

"这是轻视个人。"

"这样下去，组织会毁掉个人。"

我担心很多人会如此抗议。所以，在分析过程中，我用了捕猎猛犸象的案例详细说明个人与组织的关系。我并没有说"为了组织利益而舍弃个人利益"，我只是强调"为组织利益努力工作，其实也是为了自己"。

组织与个人的关系，想断也无法断开。我期待着刚刚成为管理者的你们能刷新自己的认知和理解。

管理者要学会利用恐惧情绪

反过来，失去利益的时候，人们会感到恐惧。

在识学的理念中，恐惧的感情也是可以纳入管理的。为什么呢？因为作为人，要生活下去，会把恐惧看得特别重要。

当发生事故和灾害时，人们会因为恐惧而采取回避的行为。恐惧是人们躲避死亡的重要信号。如果能正确认识恐惧并回避它，人类就能得以生存下去。

"现在的自己，在恐惧什么呢？"

请一定想一想这个问题，并弄清楚自己应该感到恐惧的事情是否正确。

比如，一位科长如果想要继续担任科长，那么他对于"自己科室没有完成绩效"这件事会感到恐惧。而如果把"被下属讨厌"这件事优先看成是自己应该感到恐惧的事情，那么这是作为管理者的错误认识。

"好像心情不太好，今天先不安排工作了吧。"

"好像今天时机不对，汇报取消吧。"

像这样对眼前的事情感到恐惧是不正确的。这时管理者要思考的是刚刚介绍的组织利益。对组织利益的减少感到恐惧是没有任何问题的。但是，如果管理者的恐惧是"这个瞬间很厌恶自己"，这是不对的。

应该怎么判断什么样的恐惧才是利于公司发展的呢？判断方法就是问自己"对什么感到恐惧"。

如果10年后公司倒闭了，你能在其他公司找到工作吗？

对于未来，你肯定有这样的恐惧感吧？

"这样下去肯定不行"，对此，如果当你感到恐惧的时候，能想办法克服它，那么这一定会促进你成长。因为你已经率先行动起来，不断学习、发展业务改善现状，这都说明你在为未来做打算。

第三章
让下属捕猎"猛犸象"：关于利益的思考

　　作为管理者，不仅你应该这么做，还要不断给下属这样的机会，这才是好的管理者应该有的样子。能促使恐惧感产生的正是恰到好处的紧张感。

　　"不管怎么任意妄为，领导也不会说什么。"

　　"即使达不成目标，领导也不会说什么。"

　　在如此宽松的管理下，下属感觉不到恰到好处的紧张感。如果下属得不到成长、团队业绩无法提升、来自上级的评价也不会好，无论哪一项都意味着对公司来说你的存在已经没有意义了。可见，管理者自己被吞噬的危险很大。

　　不过我并不是让大家搞"恐怖政治"，不用每天板着脸，非常严厉地对下属说话，维持恰到好处的紧张感即可。

　　具体内容我将在第四章进行说明。对个人来说，应该把努力的目标定得比目前能够做到的水平稍微高一点。这样一来，目标和现状之间会产生差距，为了消除这个差距，你才会更加努力。等差距消除后，再给自己设定一个更高一些的目标。如此反复，你将受益匪浅。

99

适度的压力可以引导你走得更远

持续给予下属适度的压力是管理者应尽的职责。如果是完全不可能达成的目标，那下属会在一开始就选择放弃。但如果是稍微努点力就可以完成的目标，下属便会铆足劲工作。

比如，进行肌肉锻炼或马拉松长跑训练的时候，训练的第一天如果用力过猛便会感到肌肉酸疼，导致后续的训练无法继续。

"稍微再努力一点的话，好像也还可以做到。不过，就此放弃吧。"

压力不要太大，也不至于没有挑战性，差不多正好处于上面这种心理状态，这才能让人持续坚持下去。如果能长期坚持下去，则会有意想不到的效果，比如手臂有力气了，可以拿起很重的物品，又或是可以跑更远的距离了。

工作也是同样。如果想要长期获得成长和进步，就需要每天坚持努力一点。为此，创造恰到好处的紧张感，是作为管理者的工作，也是管理者的假面的力量。

其实,越是在大公司工作的人,越容易感受到"错误的恐惧"。在不容易倒闭的大公司里工作的人,会更加在乎人际关系。相反,在随时可能倒闭的公司,员工反倒不是那么在乎同事之间的关系。

在安心舒适的温水里生活的人,如果与周围关系不好,他们会莫名地感到恐惧。但是,这些本不是应该害怕的事情。我们应该意识到还有需要我们担忧的更加长远的未来。

不给人找借口的机会

那么接下来这一小节的内容,将告诉大家作为管理者应该如何营造"恰到好处的紧张感",也就是"不留机会给借口"的沟通方法。

在第二章中我曾介绍过,"报联商"的时候只需平静淡然地确认事实。为了让下属愿意做汇报和联络,管理者需要提前告知下属关于汇报和联络的要求,并在下属汇报和联络的时候只确认事实。

为什么只确认事实呢？因为我们可以预见，当业务要求或业绩目标没有完成时，下属会找各种理由和借口。

你回想一下自己步入社会第一年的情景。向管理者汇报和联络的时候，是不是经常找各种理由和借口？

现在，你是管理者了，需要与那些理由和借口"面对面"了！

将模糊的言行变成量化的数字

接下来，我将介绍的是某维修公司的一位科长的经历。

这位科长有一名已步入社会两年的下属，但下属苦恼于自己的业务迟迟没有进展。科长给了那位下属很多建议并教了很多改善方法，但是下属多数时候还是以各种理由推托，并不采取任何行动。

比如，下属会说："上周没有签订单。因为大多数客户都受到新冠肺炎疫情影响，业绩下滑，都不愿意跟我多谈。"

面对下属这样的汇报，这位科长以前是这么评价的："是吗？现在是新冠肺炎疫情期间，确实没有办法。那请下一次继续努力。"

这样说的话该下属不会有任何改善。后来，这位科长做出改变，当下属汇报时，他会认真听取汇报的内容，并从中摘取事实与下属确认。

比如，"你说大多数客户受到新冠肺炎疫情影响，那到底这部分客户占整体客户中的百分比是多少呢"。

如此一来，他可以知道并不是所有客户都受到新冠肺炎疫情的影响。一次次对事实的确认，促使下属认清和意识到了自己的责任所在。后来，针对科长指出的问题，下属也有了自己的改善行动。

针对这样爱找理由逃避现实且不想做出改变的下属，有必要向其确认和追问。说到追问，可能很多人会产生误会。其实，不过就是平静淡然地对事实进行确认而已。

"这样不行啊！""你都做了些什么啊！"并不是这样强硬的逼问。

我再介绍一个例子，是关于某制造企业的一位科长的经历。

他的下属是一位步入社会四年的年轻人。虽然已经是有四年工作经验的职场人了，但是经常迟到，很难全身心地投入工作，也从不积极主动地学习。这位科长只是偶尔指出他迟到的问题。科长担心，如果自己经常说，下属会因为厌烦而离职。

所以，科长采取的做法是，每天给他安排工作，并在现场随时确认他的工作完成进度。结果怎么样呢？

在科长指出问题后的第一个星期，确实能按时来上班了。但是第二个星期起，又开始迟到了。工作方面，科长看着的时候就好好做，科长不在的时候就撒手不管。也就是说，他的态度是"只有科长在场的时候才努力"。

后来，科长导入了识学理念，改变了自己的做法。

因为迟到是公司的管理规定，不管下属怎么想，迟到的时候就必须指出迟到的问题。对于每天的工作，则要求下属提交日报，直接向科长汇报，并严格要求下属执行这些规则。

刚开始在汇报的时候，下属也会找很多借口。对于未完成的工作，这位科长会让他思考未完成的原因，并且每次确认下一次该怎么做。现在，这位下属发生了极大的变化，与之前判若两人，不仅再也不迟到了，而且成了团队里的佼佼者。

从这个例子中我们可以看出"偶然想起来了就说两句"这样的管理方式是没有意义的。如果没有明确的规则，那么员工只会在管理者说的时候做出努力。

作为管理者，应该使下属经常保持一定的紧张感。如果不这样做的话，可能会被下属认为"管理者心情好的时候就不管我们，心情不好的时候就总是看着我们"。

把自己的价值观强加给别人没有意义

上文中我对不给下属留借口的沟通方法进行了说明，具体做法我会在后面的实践部分进行详细介绍。有一点大家一定要记住，管理者指出下属问题的时候，不要告诉对方他需要努力的理由。

管理者的
假面

　　为什么呢？因为作为下属，执行上司的安排是理所当然的事情，不需要理由。常见的错误是，管理者向下属传达关于工作的意义和价值。

　　"你想想客户的笑脸，就有动力奋斗了吧。"

　　"这件事情对社会来说非常有意义和价值，请务必加油啊。"

　　诸如此类，想以传达工作价值的方式打动下属的心，而这样的做法反而会产生副作用。

　　当然，肯定也会有人因此怦然心动，但是这种情况很少。更多的下属觉得"都说的是些什么乱七八糟的"。最坏的情况是，甚至有人认为"我的价值观和上司的不一样，我没有必要努力了"。这样一来，你所说的关于价值的话，反而成了下属拿来当借口的材料。

　　工作的意义和价值是需要自己去发现的，无法由别人强加。

　　曾经作为优秀员工的管理者，对于工作的意义和价值应该有自己的理解。所以，他们往往希望把自己的理解和认知传达给自己的下属。然而，这些事情是没法传达的。

"为什么我说的话他们都不理解呢？"很多中层管理人员被这个问题弄得筋疲力尽。当然，有时候下属也会来问你在工作上需要重视什么。

这种情况其实反映了下属希望自己有所成长，希望有人给他力量推动他进步，这个时候你可以告诉他你的价值观。但是，在日常工作中，例如业务汇报和反馈时，一定不要把工作的价值和意义挂在嘴边。

把个人想法放在一边，基于客观事实进行团队管理。帮助你忍住想要说教的冲动，这也是管理者假面的作用之一，平时一定要多加注意。

创建良性的竞争环境

前文中，针对规则、位置、利益（恐惧）进行了说明。如果按照书中的内容一步一步执行，这个时候"恰到好处的紧张感"应该已经产生了，可以继续阅读下一个阶段的内容了。那就是营造适当的竞争环境。考虑员工成长的话，组织最好的状态是"有竞争"的状态。

在理想的组织中，一定会有良性的竞争。如果你讨厌"竞争"这个词，也可以用"切磋"来代替。不管在什么行业都一定会发生竞争。实力真正强大的公司，在公司内部也会产生竞争。

比如，一家制造公司肯定存在主力产品。那么，在其公司内部，非制造主力产品的部门是在不断努力想要赶上主力产品的销量，还是因为主力产品销量增加，公司效益好，非制造主力产品的部门就可以轻轻松松地工作呢？这两种不同的情况，在不久的将来将产生巨大的差异。

所以，作为管理者一定要想办法促进良性的竞争。当然，公司总经理可能会有自己的想法，不过如果你的团队有多个人，在团队内部开展竞争非常合适。

接下来，我以50米短跑比赛为例进行说明。

假设，团队的所有成员站在同一起跑线上，只要裁判一声"各就各位，预备，跑"，竞争就开始了。

这里的"位"指的正是第二章中我介绍的关于"位置"的内容。所有下属处于公平的竞争状态，没人觉得不平等，这便是"各就各位"。

50米短跑比赛也需要制定相应的规则。比如,"禁止开车或骑自行车,用自己的脚跑步""冲破终点线才算赢"等,这些规则适用于参与比赛的每个人。

所有的体育比赛都有规则,人们处在公平的立场上参与运动。但是,公司里却没有像体育比赛一样公平而明确的竞争规则,往往需要管理者这个裁判来判断有无不公平的情况发生。所以,我们要改变这样的现状,让工作无限接近于体育比赛是管理者应该担负的职责目标。

自己喜欢的运动员可以在超过起跑线5米的位置起跑;将自己珍藏的钉鞋作为礼物赠送给喜欢的运动员等做法在体育比赛中被允许吗?可是,这样不合理的管理方法,在公司或组织中却经常发生。

让竞争尽可能可视化

努力让竞争简单易懂也非常重要。方法有很多,其中最简单的是可视化。

如果是销售部门,将销售人员的业绩公布出来的做

法非常有效。也许有人会说"你把成绩可视化后，大家
会烦躁不安"。但是，请你想一想，就算不把成绩公布出
来，大家心里是不是也会在意自己的排名，总想着"我到
底排在第几位"。因此，反倒是把成绩公布出来比较好。

在养育孩子的时候，家长虽然很疼爱自己的孩子，
但也不会特别在意孩子在班里的排名。但是在公司和组
织里，不存在不和别人作比较的绝对价值。就算是"全
世界唯一的花朵"，在花店出售的时候也有出售的先后
顺序。也就是说，它会持续受到"相对的评价"。就算抛
开这家花店，同样还是会面临和其他花店之间的竞争。

即使当了自由职业者，也会和其他自由职业者抢夺
工作。"不可能逃离竞争"是客观事实，必须让团队的
全体员工意识到这个事实。

把竞争可视化后，如果还有人希望"不和其他人竞
争""我只想做我自己"，那是个人自由。反过来，作
为管理者也完全没有必要非得强迫员工"以第一名为目
标"，也没有必要指责排名最后的员工。

其实，就是需要管理者有"用数据说话"的态度，
这其实就是管理者的假面发挥作用的时候。坦然大方地

把事实摆在下属面前，给下属认清现实的机会。因为对下属来说，他们也需要具备在社会上生存下去的能力。

本章中，我介绍了如何让团队成员为组织利益而努力的方法。识学的理念里没有"因人设岗"。因为对组织来说，是先有岗位和职责，然后个人再去适应既有的岗位和职责，这才是正确的顺序。如果公司全员都希望"按照我的想法来"，如果组织为了每个员工改变，那么这个组织的发展就会停滞。

当然，这并不是要求个人为了公司改变自己的性格，只是希望个人改变自己看问题的方向。要认识到先有组织利益，在组织利益的支脉上才是个人利益。一定要戴上管理者的假面仔细看清这一点。

实践

忽视下属的借口

在第二章的实践中我曾介绍道，当下属向管理者汇报和联络的时候，往往会说一些借口。对于下属的借口，管理者应该怎么应对和沟通呢？管理者的做法决定了下属成长的程度。我将应对和沟通的方法称为"忽视借口"。

"当时，我没有强大的气场。"

"我深刻反省了，我一定要干劲十足地做好工作。"

当下属如此汇报时，作为管理者应该怎么办呢？

我的想法是，如果一开始就说结论，下属会怎么想呢？既然让下属反省不是管理者的目的，那就忽视他们所说的借口。管理者需要关注的重点是接下来应该采取什么样的行动。只要下属的具体行为没有发生改变，那么他找借口的做法还会反复。

"下一次打算怎么做呢？"

"具体来说，你打算怎么改变？"

你可以这样继续追问他。

〇 "我会增加拜访客户的次数。"

〇 "我会把提案的要点集中整理一下。"

在下属说出下一步具体改善措施之前，管理者一定要坚持追问。这个时候，很多管理者经常犯的错误是，为激发下属的工作热情而对其工作进行反馈，并站在评判的制高点说一些高尚的话，比如：

×"你做的工作有非常大的社会价值。"

×"你完成这项工作，客户一定很高兴。这才是我们坚持下去的意义。"

就算管理者把自己对于工作的感悟和价值观说给下属听，下属也不一定能感同身受。下属会想"我跟这个人价值观不一样"，他们还有可能再找别的理由。所以，即使你很想打动下属，但是请一定忍住。这也是对于管理者的假面来说非常重要的事情。同时，不要担心你的下属会讨厌你。

当然，下属说的内容也不一定全是借口。

〇"3小时内做完这些工作很困难，要是有5小时就没问题。"

〇"竞争对手提案的价格比我们便宜一些，我们可不可以也下调价格？可否给我下调价格的权限？"

如果下属提出这样有明确的改善措施和合理的请求的理由，应该当作"客观信息"予以接受。

另外，管理者还经常会碰到这样的借口。

"为什么一定要做这个工作呢？"

管理者的
假面

"那个工作应该是由我来做吗?"

这是下属从根本上怀疑你所安排的工作。对于下属这样的质疑,作为管理者要不要解释清楚呢? 很多管理者对此感到很困惑。从原则上来说,对于工作的意义,管理者没有解释说明的义务和责任。

话虽如此,但是也不能像下面这样简单生硬地回绝下属:

×"没什么可说的,请不要再说了。"

这时,管理者可以站在领导的"位置"、以领导的视角进行解释。

可以像下面这样回复下属:

○"这不属于你来判断的事情,这是我作为责任人做出的决定。"

直接用事实回复。

本来工作就是自上而下安排的。如果把毫无意义的工作强行无理地安排给下属,那是管理者的问题。但如果只是日常的一般性工作,管理者完全没有必要向下属解释每一项工作的意义。对于很多工作来说,如果做的人认真完成,那么事后他会明白工作的意义在哪里。

戴上管理者的假面，巧妙回应下属的借口，直面事实，下属会慢慢成长起来的。这样做最开始可能会给下属留下冷漠的印象，但是，随着成果显现，下属会看到自己的进步，这时他们对于你的冷漠也就不那么介意了。

这就是"忽视借口"的方法。已经读到这里的你，一定可以做到。

第四章

不要培养有表扬
才进步的员工：
关于结果的思考

假设你去一家饭店吃饭，无论厨师如何费尽心思地研究菜品、服务员如何热情地为你服务，只要你认为不好吃，就肯定不会再去第二次了。电影和小说也同样，无论你花了多少钱观看，也无论你在选择看哪一部或哪一本时花费了多少时间，无聊的东西就是无聊的。

其实过程怎样无所谓，重要的是结果如何，这个道理对工作也是如此。接下来我将介绍作为管理者基于结果进行评价的方法。

谁也不可能不被他人评价

评价分为两种，自我评价和他人评价。当前，人们非常流行进行自我评价。但是，在识学的理论里是不进行自我评价的。下面我将详细进行解释。

所谓评价，是针对你到底能获得多少对价而出示的一个标准。也就是说，评价是与从他人那里得到的某种东西联系在一起。打个比方，比如你在饭店吃饭，或者在服装店买衣服时，店员对你说"这个菜是厨师花了很多心思才做出来的拿手菜肴，是我们店的招牌""你看这件衣服在缝制方面的做工多精细啊"。但是你尝了一口菜发现，所谓的拿手菜并不好吃，你肯定不会再去第二次了；你试穿衣服发现并不合身，那么衣服做工再精细你也不会买。

当然，不管是饭菜还是衣服，当顾客喜欢并购买后，再说花了多少时间、费了多少工夫，顾客肯定能接受。但是这些都是在"他人评价"之后。

无论何时何地，如果没有获得他人的认可，就算你"自我评价"再好，也没有任何意义。

要注意公司内部的"人气"

那么，针对员工的"他人评价"是什么呢？简单地说，就是"来自上司的评价"。如果被评价为"工作优秀的人"，就意味着某员工做出了"评价人期待的成果"。

比如，要选拔代表日本参赛的足球运动员，那么，肯定是得到球队教练认可的运动员才是优秀的运动员，而不是由广大球迷投票决定的。所以，有的运动员虽然人气很高，但是最终也不一定能入选，这是情理之中的。

选拔足球运动员时，如果球队教练顾及球迷的感受，那么最终组建的队伍会越来越弱。作为教练，肩负着建立能赢能打的强大队伍的责任，所以他必须要用正确的方法选拔自己的球员。

　　管理者也一样。作为管理者，如果他认可的是那些在公司内部很受欢迎的员工，以及和自己关系好的下属，那么整个团队的业绩会慢慢变差。

　　下面的案例是某信息技术公司的一位工程师管理者的经历。

　　在这位管理者的团队里有一名下属，他作为工程师的工作能力尚可。这名下属对自己的能力特别有自信，他会自作主张地参加与客户的商谈，并依据自己的喜好从中选择喜欢的工作来做。这名下属善于交际，在公司内部很受欢迎，但是他对团队的业绩提升却没有做出什么贡献。很明显他的管理工作没有做到位。甚至这名下属还擅作主张地兼任了其他部门的工作。也就是说，这名员工实际上有两名上司。同时有两名上司的话，上司之间会互相牵制、彼此顾及，实际的管理责任变得含混不清，对下属的指示和安排也无法彻底到位。

　　后来，他们采取了一个办法，确定其中一个管理者作为这名下属的上司，严格贯彻"规则的制定""报联商的执行"。

如果因为员工在公司内部受欢迎，就对他的行为放任不管，那么慢慢地员工会变得无法无天、为所欲为。作为管理者，一定要戴上管理者的假面，不被所谓的人气迷惑，切实履行自己的管理职责。

不要对客户言听计从

那么，"比起公司内部的人气，在公司外部包括客户中受到好评更好一些"，这种说法怎么样呢？或者说，有一种想法是"比起在公司内部有好人缘，还不如跟公司外部包括客户打好交道"。

说到这种情况，可能很多人会想到，即便有些警察和医生也许在其组织内部没有得到好的评价，但是他们的形象仍然广受人们喜欢和爱戴。"以一己之力与组织做斗争"的形象经常作为主人公在电影和电视剧中出现。只是，这样的情况在现实生活中几乎不可能存在。

作为管理者不应该有"相比组织的利益，应该优先考虑社会和客户的利益"的想法。

第四章
不要培养有表扬才进步的员工：关于结果的思考

　　如果某个员工不希望由自己的上司评价自己，而希望由客户评价自己，那么这个员工欠缺了"对公司未来的思考"。这个员工没有思考公司的未来，没有考虑到公司经营的持续性，而是选择"此时此刻，客户利益的最大"。

　　比如，如果客户希望员工能24小时对他们的需求予以回应，那么他便随时待命。客户希望员工继续下调产品价格，他就毫无底线地降价。这样做的话当时客户肯定很开心。但是，作为一个组织来说，如果提供的客户服务内容不包含24小时待命，或者采取的市场竞争策略是维持高价格销售，那么公司在评价员工时就应该对遵守规则的员工给予好评。

　　为什么呢？因为站在长远的发展角度看，不惜牺牲组织利益也要满足客户利益的行为会影响组织未来的长久经营发展。如果组织不能长久存活，也就无法为客户提供服务，那么结果还是剥夺和损害了客户利益。作为员工，为了客户利益而不惜违背和损害组织利益的行为是不被允许的。

　　针对这种情况，如果管理者认为员工是在为客户着

123

想而予以好评和认可，那么最终整个组织会变得乱七八糟。

在前文中我曾说过，站在长远的视角看问题和做判断是管理者的职责。因为客户或组织外部关联方高兴而损害组织利益的行为，管理者是绝对不能予以认可和好评的。

管理者不可对过程进行评价

本书中我曾多次说到，要成为一名善于评价的管理者，有必要和下属拉开一定的距离，并维持平等性。

识学理论摒弃了依据人的喜好进行评价的做法，坚持贯彻正确的客观评价，其中一个结论就是"不对过程进行评价"。

当前社会上认为对过程进行表扬是正确的做法。就算没有做出什么成果，只要在做的过程中努力了就能得到好的评价。但是，识学理论非常反对这种做法。

那么，是什么原因让我们的世界成了"重视过程"

的世界呢？原因之一可以在某个育儿研究中找到答案。该研究证明了这样一件事情，当小学生拿着得分较高的试卷回家时，两种不同的表扬方式会带来后续不同的成绩变化。一种是对孩子的能力进行评价（即表扬孩子聪明），另一种是对孩子的过程进行评价（即表扬孩子付出的努力）。

　　该研究对这两种表扬方式的后续发展进行了比较，发现第一种表扬方式下的孩子后续的考试成绩下滑，而第二种表扬方式下的孩子后续持续维持着较高的成绩。由此得出结论，表扬孩子的时候要表扬孩子为达到结果付出的努力，而不是表扬孩子天生的能力和聪明，这成了普遍认知中的正确育儿方法。

　　这样的结论用在上司和下属的关系中，就成了目前倡导"过程评价"的管理方法。但是，不可忽视的重要一点是，学习和工作是有区别的。对于认为"即便学习了也毫无意义"的孩子来说，要让他们持续投入学习之中，那么对其学习的过程进行评价确实非常重要。

　　为什么呢？因为其实学生在学校的学习是看不到特别明确的成果的（当然，升学确实可以体现一定的成果，但孩子能意识到升学考试的重要性，那应该是后面的事情了）。

但是，工作和学习有着本质上的区别。做完工作后，我们有工资和奖金等看得见也摸得着的成果。工作是和生存紧密相连的，为了生存而工作，为了生存而需要得到相应的工资和奖金。不知道付出的意义在哪里却还要持续学习的小学生和为了生存而付出劳动的员工，其管理方法肯定是完全不同的。

把管理小学生的办法用在管理公司人员上一定是有问题的。

无意识的夸奖会让下属误解

在重视过程的弊端中，有一个非常有名的表现，那就是"加班"。

如果认为要表扬小学生努力学习的样子，那么就必须表扬工作到很晚的下属。按时结束工作并拿出成果的下属和通过加班终于完成工作并达成成果的下属，如果这两者交出的成果一样，那么当然应该表扬前者。但是，很多管理者会认为后者也付出了很大的努力，并不由自主地对他进行表扬。

那么，这个时候，不注重过程的"管理者的假面"就变得非常重要了。看着下属加班的样子，如果你说"加班到这么晚，很努力啊"。听见此话的下属，会怎么想呢？下属会这样思考：

"领导在的时候加班对我更加有利。"

"就算我做不出成果，但只要我加班到很晚，领导也会认为我很努力。"

就算不把加班纳入评价中，但是如果管理者平常的言行中让下属误以为"领导会评价加班"，也会造成下属认知上的偏差。

下面的案例是关于某广告公司的一位主管销售部和创意部的部门经理的经历。

最初，他采取的也是"过程评价"的管理办法。他注重提升销售部员工的工作热情，重视对创意部的过程管理。结果，他花在部门管理上的时间和精力增加，而且全体员工的工作时间也没有下降，他们感觉工作得越来越吃力。

后来这位管理者改变了自己的做法，他不再做任何对过程的介入和管理，只管理结果。对销售部，他只确认拜访客户的数量和提案的数量，而对创意部，他也不再看创意过程中的表现，而是确定了与各创意等级相匹配的汇报和指导的次数。

经过改善之后，部门整体的工作时间减少，工作方式发生了很大的改变，员工可以自主推进的工作增加了。

一直以来习惯表扬下属工作过程的管理者，如果要放弃这一做法，可能会有一些犹豫。但是，请戴上管理者的假面实际做做看，学会取舍。你一定可以感受到下属的快速成长。

不要被"报喜"迷惑

不对过程进行评价的做法，除了可以减少员工加班以外，还有很多其他好处。在第二章中我曾说过，管理者不要催促和确认员工的工作进度。因为对进度的确认正体现了管理者看中过程管理，这是不对的。

如果管理者问下属："那个工作怎么样了?""进展顺利吗?"在进展顺利的情况下，下属肯定会说"很顺利"。但是，很多时候下属却不知道该如何回答。

"从客户的回复来看我认为应该可以签订合同。"（实际上客户并没有给出要签合同的回复。）

一般来说，下属回答时会选择符合管理者期待的说法。隐瞒真实情况后，有的下属会努力补救自己报的"喜"，让自己撒的谎不再是谎言。可是，这样做的人毕竟是少数。

"进展顺利吗?"

"很顺利!"（实际上什么进展都没有。）

"好，期待你的好成绩。"

这样的一问一答事实上是产生不了任何成果的对话。如果到截止之时和客户之间的合同并没有签订，下属会如何向管理者汇报呢?

"合同没有签，客户临时改变了主意。"

下属会找这样的借口，或者想办法蒙混过关。听了下属的解释之后，更加令人遗憾的是，管理者会做出如

下错误判断。

"还差一点就签到合同了，真是可惜。不管结果如何，只评价他为此做出的努力吧。"

就这样，管理者做出了错误的过程评价。尽管最后没有签下合同，但是因为管理者中途确认进度时下属已经报了喜，最后不得不给下属好的评价。这就是因意识偏差而引起的悲剧。

为了避免这样的情况发生，像第三章中所述的那样，不要给他人找借口的机会，不要对过程进行评价，这是非常有必要的。"报喜"的做法，会在不经意间让你形成习惯。对处处想表现自己很努力的下属，用日报来管理会非常有效。

日报管理其实就是数据管理。在日报的模板中，不要预留空间给下属写"我努力完成"之类的有关过程的内容，而是要求下属写具体的数据。重要的是一定要清楚地传达给下属"日报不是日记"。

尤其是年轻人，很多时候分不清日报和日记的区别。如果下属在日报中写下了自己的感想，一定要告诉他们你需要的只有数据。

表扬的重大弊端

我很少表扬我的下属。因为在期限内完成自己的任务是下属应该做到的事情。我的任务是尽可能将"应该做到"的标准定得高一些。

在人的意识中，当受到表扬时，人们会认为"再低一点或者再差一点的表现"是"我应该做到"的。

如果你表扬得70分的人"厉害"，他会认为60分是"应该做到的"；你表扬得80分的人"厉害"，他会认为70分是"应该做到的"。所以，有必要把"应该做到"设置为100分。

如果达成目标的150%以上，确实应该给予表扬，因为这时把"应该做到"的标准设置在了满分100分以上。

我坚持不轻易表扬下属。然而对刚成为领导第一年的管理新手来说，完全不表扬可能也很难做到。即便如此，确定好"应该做到"的标准，只有在大幅超过目标的时候才给予表扬，这样的做法应该谁都可以做到。

戴上管理者的假面，不要轻易说出"做得真好""你真厉害"的话。

年轻的员工可能会认为"表扬了才会进步，如果不表扬就没有干劲"。但是，我们并不是学生。既然不是学生，而是已经进入社会的公司员工，那么"被表扬才进步"的人将不再受到认可。

努力工作是为了实现赢得客户的笑容、受到公司认可而得到足够多的奖金、家人赞扬等个人成就感，这些需求是员工的自由，不应该由管理者来满足。

第三章中，我以猛犸象为例进行了说明，在这里也可以用同样的例子。

大家一起狩猎猛犸象并分食猛犸象的肉，在那个时代，成果就摆在眼前。

"大家狩猎了这么大一头猛犸象，很厉害啊！"

眼前的猛犸象肉和评价是直接联系在一起的。但是，随着货币的诞生以及公司组织的出现，工资薪酬制度得以建立，自己产出的成果和眼前可见的评价变成了间接关系。这样一来，成果和评价的顺序就颠倒了。

如果不管有无成果都可以得到同样的薪资待遇，那么一个奇怪的理论就成立了——"先被评价的话，工作激情就会被激发出来"。

这就好比眼前根本就没有看到狩猎到的猛犸象，就开始表扬说："大家要狩猎到猛犸象了吗？好厉害！"

在公司等组织中，这种看起来非常矛盾的情况却理所当然地普遍存在着。所以，作为管理者必须要想办法让员工为成果而努力。不表扬过程，要等待更好的结果。

管理者应该采取"点对点"管理方法

在前文中，我对规则的制定和工作安排的方法进行了说明。这一节的内容也是此前所述内容的延续。最关键的是"开始和结束"。

在开始时，管理者要制定好目标并把相应的工作安排下去；在结束时，管理者要求下属针对工作结果进行汇报，并对此进行评价。

这就是"点对点"的管理方法。

首先，在制定目标的环节中，管理者应该做到的是制定明确的可量化目标，这和制定规则是同样的道理。

"不管怎样，尽量把合同签下来。"

如果给下属的目标是这样的一句话，那么下属只会感到迷茫而不知该如何去做。所以，一定要明确期限和状态。

"一个星期之内，完成3项合同的签订工作。"

"下个月1日之前，完成100万日元的销售目标。"

类似这样，尽量用可量化的数据体现目标。不过，销售工作很好用销量数据说明工作成果，但有的工作可能没办法用数据来量化。即便如此，也不要用"请积极努力地响应客户需求"这样含混不清的说法，而要说"下个月之前，请提出3件关于如何改善业务的想法"。

作为管理者应该尽可能地制定可用数据来量化的目标。例如，可以分解工作流程和工作内容，找到"次数""时间""前年比"等可量化数据，以此为基础制定相应的工作目标。

制定好工作目标后，在截止日期到来之前，管理者不要向下属确认工作进度。而要像在第二章中所述的那样，等待下属主动来"报联商"。

话虽如此，但在同一个办公室里，看到下属忙碌的身影，可能很多人会忍不住对其工作方法说上两句。下属接听电话的时候，如果在使用尊称方面出现了明显错误，或者做出了一些不礼貌的行为，管理者应该立即指出并加以纠正。但是，如下这种把自己过去的做法强加给下属是不行的。

"我刚进公司时，连午休时间都在打电话，我没做过只发封邮件就算联络好了的事。"

"我会给你示范一次如何处理客户投诉，请你按照我的做法试试看。"

作为管理者，可能会认为自己应该对下属倍加关怀，并照顾好他们，但是我也曾多次说过，这样的管理者只会阻碍下属的成长。如果管理者把自己曾经的做法强加给下属，那么有的下属可能会误以为"自己只要按照领导曾经的做法去做就好了"。

其实，一旦制定好了工作目标，在推进的过程中，应该是下属自己想办法，不断琢磨、不断尝试，在不断试错中找到正确的解决办法。如果管理者看不过去并施以援手，那么下属就失去了在失败中不断学习成长的机会。

当然，有的下属可能真的不知道该如何着手推进工作。特别是刚入职的新员工，或者从其他部门调岗过来的新成员，针对这些人，在工作开始之前管理者就应该把工作方法告诉他们。总之，让下属学习"领导的示范"或者"前辈们的做法"是不对的。

有的新员工可能不会主动来问问题，因为这个时候新员工还不知道该问什么或者怎么提问。解答新员工的疑惑也是管理者的职责之一。不过，一定要弄清楚管理者的假面和错误做法的区别，"让员工学习别人的示范"是管理者不负责任的表现。

根据结果制定下一次的目标

如果制定目标阶段的做法是正确的，那么到了截止日期下属一定会来向管理者做相应的汇报。这时，下一步应该做的是指出下属未能完成的部分，这与前文中提到的对于"报联商"的评价是一样的。

　　如果下属已经完成目标，那么作为管理者就要明确告知下属他达成了目标。如果下属没有完成目标，那么就要明确告知下属他没有达成目标。让下属意识到自己哪里没有做到，也是管理者的职责。

　　这时，必须要根据客观事实进行说明。即便你指出"你还不够努力，希望拿出更多的干劲来"，下属还是不知道该怎么改变自己的做法。

　　"你一周之内拜访了20家客户，签约了3家。目标是签约5家，因此没有达成目标。那么，接下来你计划怎么做呢?"

　　"下周我计划拜访40家客户。"

　　"好的，知道了。那下周的目标是拜访40家客户，成功签约5家。"

　　像这样，管理者要让下属意识到自己的不足，并自己提出改善方案以弥补这些不足，制定接下来的目标。在这里有一个关键点，那就是如果目标没有达成，一定要把距离目标达成最近的工作流程加入下一次的目标中。比如，上面对话中所呈现的就是把拜访客户的数量加到了下一次的目标中。但是，在这之上不要再加入其他流程了。然后，要求员工第二周再做汇报，之后进行评价，如此反复。

全员平等、可视化

根据工作类型和性质不同，有的工作确实很难用可量化的数据描述目标。比如设计师和工程师，对下属来说，可能"领导认可就可以了"。根据工作性质，管理者制定这样的目标也不是不可以。

只是，管理者对"具体怎样算可以"的定义要尽量明确。刚开始管理者可以让下属按照要求开展工作，从下属的工作中提出自己觉得不好的地方。慢慢地，这些管理者觉得不好的地方就会变成下属的工作手册。这种情况下，管理者不能只是回复"总觉得不行"，而应该明确指出自己认为不好的地方。

我曾经为风险投资公司做过咨询，发现很多公司的做法并不规范。他们从大企业挖到优秀人才加入公司，

第四章
不要培养有表扬才进步的员工：关于结果的思考

然后便放手不管了，因为他们认为"既然是这么优秀的
人才，加入公司后一定可以顺利适应新工作吧"。

这类案例中，公司并没有给员工设定希望达成的结
果，而是"先按照自己的理解来做"。但是，如果不制
定工作目标，再优秀的人才在组织中也无法顺利开展工
作。而且，对于原来就在公司工作的老员工来说，这样
的做法就是偏袒。作为管理者，一定要戴好管理者的假
面，在制定目标上下功夫。

下面是某公司系统开发部的部门经理的经历。

这位部门经理之下有三位科长，科长之下是普通员
工。因为这位部门经理很在意普通员工的工作情况，所
以他便跳过科长直接对普通员工下达了工作安排和指
示。这位部门经理还要参与每个科室的会议并发言。这
种做法阻碍了对这三位科长的培养，他们无法成长为部
门经理储备人员。

在类似这种部门经理、科长、员工的三层管理架构
下，有效的做法是禁止三个层级的人员全部参加会议。

上文案例中的那位部门经理，后来采取的做法是，
只对科长汇报的"报联商"结果进行评价。三位科长各

139

自管理自己员工的工作成果，然后整个科室的成果再由上一级的部门经理管理。这样一来，部门经理只需要花精力在应该由部门经理管理的事务上。而且，对科长等年轻的管理人员来说，其担负的职责明确、责任清晰，他们也可以逐渐成长为部门经理储备人员。

上述案例呈现了不同级别的管理人员对结果的正确管理方法。

最适合远程办公的管理方法

这种"点对点"管理方法，其实非常适合远程办公。这在新冠肺炎疫情期间得到了验证，这也是识学理论得以大幅推广的原因。

比如，一周一次的远程线上会议中，若本周只对目标进行探讨的话，下一周就将精力集中在对结果的汇报上。实行远程办公时，客观环境上也减少了对具体推进过程的干预。

如果在公司里，做出了成果的员工能得到好评，而一再标榜自己很努力的员工并没有取得成果的事实也能凸显出来，作为组织，其经营情况便非常良好了。并非因为远程办公而出现了好坏习惯之分，只不过是组织内原本存在的坏习惯在远程办公的过程中得以显现了。希望可以借此机会，在更多的企业内实现"点对点"管理。

上文中我曾说到，为了给予员工正确的结果评价，管理者需要和员工保持距离。近距离的评价莫过于自我评价。

自己给自己评价的时候，没必要刻意保持距离。但是，自我评价一般都容易往高了评价。只有自我要求严格的人才会给自己比较低的评价。为什么呢？因为自己推进工作的行为，其实就是"过程"。

管理者与员工保持距离，可以做到不看过程，但是作为当事人的自己来说，从物理条件上不可能看不见自己做事的过程。当然，也有一部分员工可以做到客观地评价自己，但是大多数人都做不到。

其实，"我要客观地评价自己"这句话，从理论上来说是不成立的。

不需要360度评价

现在有一种评价方法是让下属给上司做"360度评价"。我是反对这种做法的。评价本身是用来"判断既定目标是否达成"的行为。没有目标制定权的人来"评价"承担责任的人，本身就非常矛盾。

评价只能由责任者来做，来自下属的评价全是无责任的感想而已。

"最近领导看起来很疲惫，他工作肯定很努力啊。"

下属也只能做出这样的印象类评价吧，他们一般只会根据自己的喜好判断。

360度评价产生的原因在于经营管理层对自己的管理没有自信，他们也不相信公司的中层管理干部。公司中已导入360度评价制度的年轻管理者只能坚持和面对。

即便在360度评价中自己获得的评价并不好，我也建议管理者一定要集中精力打造团队的工作成果。为了不动摇公司的管理基础，戴上管理者的假面很有必要。作为管理者，要与自己心中因在意下属的评价而采取宽松管理的想法做斗争。

·············· 尝试进行"点对点的目标制定"··············

在本章中，我对本书的重点主题"点对点的目标设定"做了说明。接下来，我们一边回顾本章的要点，一边梳理正确管理方法的精髓。

留下什么样的结果能获得较高的评价呢？如果评价标准含混不清的话，下属会感到茫然不知所措吧？如果评价标准不明确，为了让管理者注意到自己，下属可能会用加班来凸显自己的努力，或者在工作推进中向管理者做"让其有所期待的汇报"吧？

为避免不正确的评价，请按照以下三个要素执行。

①目标制定→②流程→③结果。

管理者应该按照上述顺序给下属安排工作，并对下属进行管理。各环节的注意事项如下所述。

①目标制定：尽量用可量化数据。

○"下个月，请完成10项合同的签署工作。"

像这样，安排工作的时候不是询问下属能否做到，而是以决定的语气要求下属做到。

②流程：一定要做到"不插嘴不干涉"。

×"如果再不积极一点的话，不行啊。"

想到什么就说什么的随性、拿自己的过去说事和说教等，一旦有这样的想法，一定要控制忍耐。但是，对于刚入职不久的新员工或调岗过来的新下属，一定要提前把工作的详细流程告诉他们。

③结果：让下属进行"报联商"。

○"本月，我签订了10项合同。"

理想状态是让下属只对自己工作的客观事实进行汇报，不找任何借口。

上述内容是关于管理者应该做到的"点对点"管理。下面我将分"达成目标"和"未达成目标"两种情况进行说明。

（1）达成目标的情况

如果下属达成了最初制定的目标，可以说：

"好，我知道了，辛苦了。"

此时必须注意的一点是，千万不要说"好厉害""只要你去做就能做成"之类的过度表扬的话。

当然，如果下属签下了超过15项合同，那么应该予以高度评价和表扬。其他情况下管理者一定要冷静地对待结果，并确保"应该做到"的标准不随意变动。如果下属达成了既定目标，那么确定下一次目标时要稍微定高一点。

具体内容我将在第五章进行说明。

（2）未达成目标的情况

这种情况下管理者如何与下属沟通，对管理者的职责而言是非常重要的。

"我只签了8项合同。"

"没有达成目标吧，那接下来你打算怎么做呢？"

像这样，管理者要先确认事实，再听下属汇报接下来的工作计划。

"这个月我对100个客户进行了电话销售，其中成交了8个，签了8项合同。按照这个比例算，下个月我计划对130个客户进行电话销售。"

"好，我知道了。那下个月的业务目标就是对130个客户进行电话销售和签订10项合同。"

像这样，把达成目标之前的最近一个工作环节加到下一阶段的目标中。如果能把达成目标之前的最后一个环节转化成目标，那么也就可以判断下属已经弄清了自己未能达成目标的原因。如果下一次目标顺利达成，那么再制定新目标的时候，可以把之前加进去的关于工作环节的内容从目标中移除。

如果下一次还是未能达成目标该怎么办呢？有效的办法是，把目标的管理期间缩短。

"接下来的一周，请完成对30个客户的电话销售和签订3项合同，并向我汇报。"

像这样，把下属汇报的时间间隔缩短。如果即便这样还是进展不顺利，可以进一步把汇报的时间间隔缩短，例如两天汇报一次或者每天汇报。如果是新员工则正好相反，最开始的时候要让他们每天汇报，慢慢地把汇报的时间间隔加长。

上文中我们在制定下一次目标的时候，把"对130个客户进行电话销售和签订10项合同"作为了下一次目标，但是评价的时候，仍然还是要重视"签订10项合同"的部分。

如果下属做到了"对130个客户的电话销售，但是只签订了9项合同"，那就用满分100分中的90分来体现已经签订的9项合同，剩余的10分用来评价下属在对130个客户进行电话销售的过程，从中给予一定的加分。至于加多少分，则由管理者决定，只要时刻把握评价时最看重的点是结果就好，不要破坏评价的基本规则。

上述就是关于"点对点"管理方法的相关内容。尽管如此，作为组织中的中层管理人员，可能还需要考虑自己的管理和公司方针之间的兼容问题。如上文所述，根据管理的需求随时调整和设置目标的做法，在有的组织内可能难以做到。但请你理解，这只是目标和结果本该有的样子。

今后，你还会进一步晋升，担当更大的责任，或者跳槽到其他公司，或者自己独立创业。到那时，你现在积累的东西会发挥出更大的作用。

第五章

引领鸟群高飞：
关于成长的思考

不管是看励志类书籍，还是听讲座，如果只是提高了你的干劲，其实还是什么都改变不了。

　　本书否定在组织中实施情感管理法和员工动力管理法。因为我希望员工能够切实地改变自己，在领导的管理之下，下属进行良性的竞争。

　　在良性的竞争中，表现优秀的员工会脱颖而出，并带领其他成员一起进步。如此一来，团队得以成长，实力将跃上新的台阶。接下来，我将对这一成长法则进行说明。

成长在"弥补不足"中发生

首先，我们一边回顾上文的内容，一边思考人如何才能成长。管理者制定规则和目标，给下属安排工作。下属着手努力推进工作，在截止日期到来之前向管理者汇报。针对下属完成的结果，管理者进行评价。下属认识到"结果"和"评价"之间的差距，在确定下一次目标的同时，制定接下来应该采取的改善措施。而消除结果和评价之间存在的差距的过程，就是员工成长的过程。

不能正确认识结果和评价之间存在的差距的人，无法获得成长。所以，他人评价很有必要，而不是只看重自我评价，管理者公正地对待每一位下属也是非常重要的。

我们时刻处于他人的评价之中。想逃离他人的评价基本上是不可能的。另外，如果不接受自己的不足和与优秀员工之间的差距，并且开始给自己找借口，人就很容易倾向用借口来掩盖自己的不足。这种情况下就要求

管理者在日常工作中要注意营造一个下属无法找借口的
沟通环境。

在日常管理的各个环节中，与因感情牵绊而想要做一
个"老好人"的纠结做斗争的工具，就是"管理者的假面"。

如何影响一个人的成长

运用管理者的假面的团队管理方法，可以让团队内
部产生良性的竞争。在良性的竞争环境下，员工可以呈
现自由成长的状态。

置身于周围其他人都在进步的大环境中，每个人都
会感受到一种莫名的紧张感，最后就像发生连锁反应一
样，在此环境中的所有人都能得以成长。那之后会发生
什么呢？

当团队中建立起了良性的竞争环境后，作为管理
者，管理团队便成为主要工作。

假设团队中有6名员工，其中4名员工达成目标，另
外2名员工没有达成目标。面对未达成目标的2名员工，

管理者绝对不可以做的事情是鼓励他们"你们还没有得到成长，要继续加油"，或者用自己之前努力工作的经历对员工进行说教等。

如我在前文中介绍的那样，面对未达成目标的员工，管理者一定要戴上假面，平静淡然地面对，让下属思考接下来要采取的改善措施，让下属正确认识到自己身处的环境是多么危险。

一些因不想参与竞争而选择放弃成长的员工，可能会辞职，对此，管理者完全没必要阻止。

管理者不要跑在前面

有的管理者心里还保留着作为员工的心情，面对下属有时候会产生"为什么不会做"的负面情绪。作为管理者，需要经常关注下属。也就是说，要在"一定的环境"中引起竞争，并保持这种状态。如果管理者因感情而有所动摇，那么就不会引起良性的竞争。

大家都见过候鸟群吧？飞得最快的鸟总是飞在鸟群

的最前面，而其他鸟则紧跟其后。这里重要的一点是，飞在最前面的鸟并不是鸟群的队长。鸟群的队长需要从更高的地方管理鸟群、指挥鸟群。而飞在最前面的鸟是鸟群中最优秀的鸟。你还会发现，飞在最前面的鸟速度越快，整个鸟群的飞行速度也就越快。

在竞争中，只要有一名下属得以快速成长，那么他就会带动整个团队一起进步。这也是团队发展的理想状态。在持续进步的团队中，所有成员与跑在最前面的优秀员工之间的差距会逐渐缩小，最后所有成员都能取得进步。而在没有进步的团队中，管理者自己是飞在最前面的鸟，带领着团队向前行进。因为在把自己当作员工的管理模式中，管理者也必须一起飞。但是，管理者不能做跑在团队最前面的人。毕竟对管理者来说，管理整个团队才是最应该置于优先地位的工作。

技能的差距转眼间就缩小了

其实大多数工作并不需要太难和太专业的技能。当然，如果是像技术人员或手艺人那样的专业技术岗位，确实要求从业者必须具备一定的技能，但以办公室白领为主的公司职员，不管是事务性工作技能还是沟通类工作技能，只要达到一定程度也就足够了。

你可以这么认为，人与人之间在能力方面的差距本来就没有那么大。但是，如果是新入职员工，他与老员工之间往往却呈现出很大的差距。产生差距的原因在于个人过去的经验和负责的工作之间的匹配度。

有的人工作经验丰富且擅长与人交流沟通，有的人热爱学习、默默工作，这是人与人之间的不同，所谓差距就是由此而来的。不过，这样的差距很快就会消失。随着经验的不断丰富，慢慢地每个人的能力会达到人类的能力极限值。团队成员之间的差距会逐渐消失，他们不断切磋、互相促进，团队中最优秀的员工并不会只是固定的那个人，如此往复，团队成员之间的差距逐渐缩小，整体水平不断提升。这才是团队成长的正确状态。

我们公司曾分析过数百人规模的呼叫中心的销售业绩数据，得出了同样的结论，呼叫中心员工必需的工作技能其实并没有那么难。有电话销售经验的人在呼叫中心工作的初期非常顺利，这时，这些有经验的员工和最差的员工之间表现出的差异非常大。但是，即便是不擅长沟通的人，在坚持工作一段时间后也能掌握必要的工作技能。

即便是不擅长表达的人，一旦掌握工作技巧，也能以非常快的速度成长起来。组织只要进入这样的良性状态，终有一天一定会实现全体成员的飞跃式成长。引领团队全体成员跃上新的台阶，这便是管理者的工作。

组织只是提供成长的场所

对管理者来说，重要的是要准备好成长的环境。然后相信团队一定能够成长并耐心等待。

在我的公司，随着公司业绩增长，吸引来了很多求职者。我想可能是因为大家认为公司可以提供给他们成长的环境吧。而且，对于社会招聘人员，我公司给出的薪资条件比求职者的前一份工作要低20%以上。这么做是有理由的。我们首先希望来应聘的人不是冲着薪水来的。更重要的是，我们强烈地希望新员工得以成长。

所以，当新员工进入公司后，公司会给他们提供合理的薪资增长条件。如果能够干出好成绩，一年之内便可以恢复到原来的薪资水平，一年半后就有可能超过以前的薪资。这对于双方来说都是公平的，而且也显示了我们对员工能力的充分信任。对于能力突出的人，不是以高薪水把他们聘请过来，而是为他们提供场所让他们可以充分成长。这才是我的公司可以提供给广大求职者的最大好处和优势。

在前文中我曾说过，人与人之间基本上没有能力方面的差距，这是有事实依据的。

某创业公司从其他公司挖来了很多非常优秀的人才，希望以此进军多个新的业务领域。这些人才在原来公司都是业绩非常优秀的。把如此优秀的人才聚在一起开拓新事业，一定可以所向披靡，做出一番大事业。但是，结果怎么样呢？所有的事业都以失败告终。

为什么呢？因为他们所想到的优秀中，漏掉了"组织适应能力"这个概念。

识学理念中认为的优秀，是"组织适应能力强"的优秀。组织适应能力和能力本身的重要性各占一半。所以，无论一个人原来的能力有多强，如果组织适应能力弱的话，进入任何公司都只能发挥其一半的能力。而且，越是能力强的人越不愿意去适应新的环境。

正因为如此，第一章强调的"态度规则"便非常必要。就像没有教练的体育代表团无法取得比赛胜利一样，如果想要在竞争中突围，那么管理者的职责非常有必要。

让奇怪的感觉消失

通常情况下，个人能力在30多岁的时候会达到巅峰，之后将逐渐衰退。通过销售等工作在公司内部持续获得拔尖的成绩和出色的表现，之后走向领导岗位。那之后如果想继续作为业务经理做出优秀的业绩，其实受到了限制。一旦自己个人能力的巅峰到来，一定要想办法从一线业务中慢慢退出，把工作重心往管理方面倾斜。

　　管理中重要的一点就是第四章中说的"不要插嘴和干涉下属的工作进度"。

　　其实越是从优秀员工成长起来的管理者，要做到这一点越难。在这里，我希望你记住一件事。那就是"人只会随着经验的增加而改变"。很多人有这样的误区。

　　"只要学的知识多，就能改变。"

　　"只要去学习，就能改变。"

　　"听优秀人士的话，就能改变。"

　　正在阅读本书的你，可能会认为只要读了这本书就能改变。但是，这些认知是错误的。这些事只会让你的知识量增加，并不会引起本质上的变化。如果不能正确认识这一点，你可能还会觉得"只要我多读书，多聆听优秀前辈的教导，我就能有所改变"。

　　如果只是一味地盲目增加自己的知识量，则会造成行为上的停滞。知识只有和经验叠加，才能触及事情的本质。也就是说，如果不伴随身体方面的行动，只积累知识是没有任何意义的。

　　有的人经常参加创业研讨会而却不实际行动，等察觉过来才发现五年已经过去了，然而还没走出真正创业的第一步。

人的变化不是从知识中产生的。

不要成为"让人明白"的管理者

曾经身为优秀员工的管理者，会不自觉地从自己的经验出发指导下属。但是对员工来说，管理者说的话是听明白了，但等自己实际去做才发现，说的话和做的结果之间存在着很大的差异。所以，希望管理者一定要先让员工自己去做一次。

在本书绪论的实践部分，我曾指出"不要和下属竞争"，这句话你应该已经铭记在心了。

"去年以前很有效果的方法，现在已经不适用了吗?"

是的，一旦离开一线，这样的情况转眼之间就会发生。

最近常有这样的说法，"在着手工作之前，一定要让下属理解并接受""不让下属泄气，下属就发挥不了自己的力量"，这是错误的。下属没有亲身经历过的事情，即便你说再多，他也无法深刻理解。

"对于这个工作，我心有余而力不足。"

"是吗，那我怎么努力才好呢？"

为这样的对话付出时间是完全没有必要的。作为管理者，要尽早给下属制定目标，并让下属亲身尝试，这才是最能让下属成长的做法。说服、使其接受、让其泄气，这些都没必要。关于沟通方法，我将在本章的实践部分做详细介绍。

管理者成功的证明

即便是组织层面，有时也会犯"我只是觉得奇怪"的错误。没有正确理解变化的公司，其特征是人事变动和组织结构调整得多。

这是为什么呢？因为这些都是看得见的变化。在改变的瞬间，好像确实有什么东西变好了，但是那不过只是看起来变好了而已，实际上没有任何改变。

我在本书中所说的下属和团队的成长并不是能看得

见的变化。当然，这些变化可能是建立起来的自信，也可能是说话方式和态度方面的变化。

虽然能注意到改变的可能只是近距离一起工作的领导和同事，但是这些在"不知不觉中改变着的成长"被人感受到的瞬间，却正是作为管理者工作成功的证明。

穿着高档西装看起来发生了改变的下属和因工作取得成果而充满自信的下属，前者和后者是性质完全不同的改变。我们希望阅读本书的管理者，在下属发生后者这样的改变之前，都能继续努力。

"我做了"中蕴含的数学理论

人事变动和组织机构调整等看起来简单易懂的变化，会让人产生"一旦发生这些变化，公司就能成长"的错觉。

这是因为对于组织机构调整这样的较大变动，人们的心理期待往往会很高。如果进行组织机构调整，人们会觉得了不起的事情即将发生。但是，组织机构调整不过相当于公司的官方网站进行了一次升级和更新而已。

只要产生了肉眼可见的变化，就会让人有一种"我赚到了"的错觉。然而，从中产生的那些细微的可积累的东西才更重要。

这就好比数学中的幂律①。如果将"付出的劳动"与"心中的期待值"之间的关系用曲线表示，曲线的趋势会非常符合幂律分布的形态。最开始的时候，虽然付出的劳动很少，但是心中的期待值却非常大。随着劳动的不断付出，人们心中的期待值也就逐渐变小了。

比如，跑马拉松的时间也非常符合幂律。初期，随着你练习马拉松的次数增加，跑完全程的时间不断缩短。但是，后来你越跑越会发现，就算把跑完全程的时间缩短一分钟都显得很困难。

人们会无意识地讨厌为缩短一分钟而做出努力。所以，考虑到劳动和期待值之间的平衡，人们感到最开心的事情就是"我做了"。

---

① 幂律：表述两个量之间的一种函数关系，描述其中一个量的相对变化导致另一个量相对变化的关系，而与这些量的初始大小无关。——译者注

参加研讨会和英语培训、成为健身俱乐部会员等，其实也是同样的道理。乍一看性价比很高，但事实却并非如此。

所谓让人感觉值得，只不过是心中产生的"似乎能有所改变"的一瞬间的快感。

对于下属来说，在做的过程中积累经验非常重要。所以，作为管理者不要对工作推进的过程随意插嘴和干涉，"给下属制定目标，并让下属去做"非常必要。

上述内容从大局观的角度对成长进行了说明。管理者的假面的最大目标也是最终目标，那就是下属的成长。自己培养的下属，超过曾经优秀的自己的那一刻，作为管理者的你们一定要亲自体验。

实践

·········· 不管怎样，先行动起来 ··········

在第三章中我曾说到，对于达成目标的员工，制定下一次目标时一定要把目标稍微定得高一些。这其实也是让下属意识到自己的不足，为了下属最终的成长。但是，如果制定了过高的目标，会怎么样呢？

"为什么必须要做那个？"

"不管怎样也应该先问一下我能不能做啊！"

类似这样，会出现下属要求管理者进一步说明的情况。这时，也是管理者的假面的最后实践。我能想到的最可能的情况是，"对于一项还没有开始做的工作，要求说明其意义"。这种情况其实体现了下属因为工作跨度太大而感到担心。

这时，管理者的职责就是让员工从对眼前工作的恐惧转移到面向未来没有成长的恐惧上。管理者要考虑下属对自己安排的工作的本质是不是真的理解。所谓本质，一定是要伴随相应的经验和知识才能理解的。

所以，对此管理者可以坚定地说：

"首先试着做一遍。在做的过程中，你一定可以发现很多东西。"

下属在做的过程中，会发现"原来是这样"。他们会慢慢理解你所安排的工作的本质。请相信这一点，把管理者的假面戴起来。

如果下属还有些犹豫，可以这么说：

"你先试着做一遍，如果失败了那也是我作为上司的责任。所以，下定决心放手去做吧。"

用这样的态度把工作强加给下属也是可以的。但是要切记，作为管理者，自己说过的话一定要照做，要言行一致、说到做到。如果下属真的失败了，接下来将轮到作为管理者的你接受更上一级领导的评价了。这时，没有担当的管理者会把工作失败的责任归结到下属身上。

× "工作是我安排的，下属同意我的安排。所以是我们两个人的责任。"

说这种话的领导是管理失职，会失去下属的信任，不配当管理者。在指示下属去挑战工作的时候，你其实就已经承担起了相应的责任。管理者只有有这样的觉悟，下属才会行动起来。即便下属是一副不情不愿的表情，管理者也要戴上假面，发挥好管理者的作用。终有一天下属会理解管理者的做法。

上述内容是最后一个实践。

　　只有当下属达成了自认为很高的目标、完成了自认为不可能完成的工作的时候，才是你摘下管理者的假面，露出开心的"素颜"的时候。

　　接下来是最后一章内容了。在本书的最后，我将介绍管理者在承担责任完成任务之后所露出的"素颜"。

第六章

管理者的"素颜"

在本书前面的章节中，你一直戴着管理者的假面，为了下属的成长不断努力。要改变迄今为止一直自认为非常正确的做法，估计你会觉得很纠结、很难受。但是，与下属保持距离，看重和追求结果的做法，终有一天会让你的下属超过曾经作为普通员工非常优秀的你。当这个时刻来临的时候，请一定要开怀大笑。

在本书的最后，我将分享一些作为企业经营者的心里话。

人性化的管理方式

在前面的内容中，我介绍了基于识学理念且适用于
晋升管理者岗位第一年的新领导以及中层管理人员的团
队管理方法。对于识学理念，有些人并没有深入了解
其内涵，只了解了一些片面信息便批评其"不够人性
化""军事化管理的色彩重"等。还有一种批评的声音
认为"识学没有把人当'人'看"。确实，识学并没有
把人当作"人"。

那是因为我们知道，"如果把人当作'人'来对待
并进行组织管理，最终并不是为人着想"。一旦不把人
当作"人"来管理，人反而能成长起来，这看起来是悖
论，却是事实。

如本书反复强调的那样，工作的目的并不是与同事
友好相处。"努力工作，获得报酬，养活自己"，这才
是工作的目标。要达到这样的目标，个人的成长必不可

少。个人没有成长，连生活都成问题，这才是最糟糕的事情，这才是不够人性化。

当现在所在的公司倒闭的时候，曾经在哪种组织里锻炼过的人最能生存下来？在哪种领导的管理下工作过的人，更能适应今后的环境？

把下属培养成有能力的人，是管理者对下属应该做的事情。培养孩子时重要的一点，是要朝着即使父母不在身边也能独立生活的方向培养。因为父母不可能永远陪在孩子身边，正因为父母爱着孩子，才更应该用严格的教养方式培养。

对每一个下属负责

随着时代的变化，商业环境逐年严峻。在如此激烈的竞争环境之下，一个公司能否脱颖而出，取决于"最后的1%"。

1%是什么呢？是指"有没有仔细思考过""有没有拿出再多一点的力气"。这1%的差异将决定最后的胜负，对公司发展来说非常重要。公司的管理者对这1%，就算使出了浑身解数，也是有极限的。所以，必须要让组织里的每一个人都为这1%做出努力。

管理者制定目标，下属根据目标开展工作。很多管理者会以为，下属必须要依照管理者的想法去行动，其实完全相反，管理者不能干涉下属推进工作的过程。因此，下属为了拿出好的结果，一定要拼命思考并努力行动。这就是决定最终胜负的"最后的1%"。

要创造全体员工都能真正思考和行动起来的环境，这是企业经营的终极理想，我一直在思考如何实现这一点。作为管理者，不要有"这个人没法用，算了，不管他了"的心态，要不放弃每一个员工，以团队全体成员的成长为目标。

管理者不要逃避

在本书的开头我曾说过，曾经我当管理者时，也把感情放在了首位，希望用自己努力工作的榜样力量带动整个团队前进。

自己身先士卒深入一线，取得比任何下属都好的业绩，把自己变成团队的榜样，并认为下属看到这样的自己一定会深受鼓舞而跟着努力起来。我曾是这样的管理者，这不是靠"管理机制"管理团队，而是靠个人的感情牵引和推动下属。

但是，现在想想，那时候我的团队管理和组织运营进展得并不顺利。我作为员工的工作能力是得到了大幅提升，却没能将下属培养起来。

在身先士卒的领导管理之下，下属很难成长。经常的情况是，管理者不参与，工作就无法顺利推进。这种领导管理下的下属，仅起着传达和连通的作用，最终每个人都会变得无须动脑筋思考问题，因为需要思考的部分，管理者已经做完了。

要对员工的人生负责

经营者对员工的人生负有不可推卸的责任。经营者通过促进公司发展，提高公司的"社会性"，增加公司的"收益"，并把收益分配给自己的员工，以此实现自己的社会责任。

不过这是经营者对社会的责任。作为经营者，还有一个重要的责任，那就是帮助员工掌握能养活自己的本领。因为，在员工的一生中，经营者不可能一直伴随在他们身边，也不可能一直在旁边手把手地支持和帮助员工。

这就好比养育雏鸟。鸟妈妈和鸟爸爸为雏鸟找来食物并喂给它们，但是一旦鸟妈妈和鸟爸爸都不在雏鸟身边了，雏鸟就没办法生存下去。所以，必须要让员工学会独立，让员工掌握生存下去的技能是非常重要的。

缺乏长远眼光的"令人遗憾的经营者"

在本书的第二章中我介绍过"位置"的相关内容。身处的位置越高，越需要具备长远的眼光。但是，在现在的日本大企业中，高层管理人员有逃离的倾向。

如果是企业聘用的总经理，年龄在55岁以上的基本只能在总经理岗位上工作2~3年，这是很大的问题。尤其是大企业，这样的情况非常普遍。

如果是刚刚创业的公司，创业者一般都想着"希望自己创造的价值能永远地留存下去"，但随着组织的发展壮大，创业者将渐渐忘掉这样的意愿。

希望正在阅读本书的管理者能秉持着面向未来的角度思考问题。为了半年后、一年后自己的科室能创造一定的成果，也为了自己和下属都能成长起来，现在做什么是正确的呢？

如果公司的经营管理层只考虑到了未来的2~3年，你也不能以此为借口放松自己，你可以思考"在公司给我的这个位置上，我能拿出什么样的成果"。

公司是最基本的社区

人们隶属于团体中。公司、家庭、朋友、兴趣小组、社交媒体等，只要我们生活在这个世界上，就属于各种各样的社区。在这其中，只有公司是我们获得生存所需粮食的社区。

家庭、朋友，以及其他很多社区，都是在生存所需粮食的社区存在的基础上才存在的。也就是说，公司是一切的基石。如果想要充实和丰富自己的家庭、朋友圈等，首先必须要充实和丰富我们获得生存粮食的社区。

没有充足的资金和食物，我们不可能出去旅游。这就是社会的运行机制。

为了使员工的所有社区更加充实和丰富，作为公司经营者，必须要对提供粮食的"公司"进行有效的管理和整顿。作为管理者，也需要秉持这样的观点，促进员工"获取生存粮食的能力"得以提高。提供这样的环境是管理者应该做的事情。

让员工变得"腰腿硬朗"

"我希望家庭优先。"
"我觉得和朋友们在一起的时间更珍贵。"

有的员工肯定会这么说，这本身没有什么问题。毕竟优先在哪个社区生活是员工的自由。但是，如果在公司这个社区中不能获得足够多的粮食，那么在其他社区的生活也很难持续丰富和充实下去，这就是现实。

　　而且，现在还是经济不景气的时候。越是这样，越需要员工正确理解社会存在的现实意义，必须让员工成长为"腰腿硬朗"、生活能力强的人。确实，在近十年，社会处于"温水煮青蛙"的状态中，员工总在说"没有干劲""希望更有激情"，但公司也不裁员，就这么过着。

　　但是，随着新冠肺炎疫情的蔓延，各种各样的问题浮到表面上了，现在再也不是能得过且过的时候了。在活下去还是死去的关键抉择时刻，没有时间讨论"没有干劲"之类的话。

思考"工资是什么"

　　我们重新思考一下自己拿到的工资到底是什么。

工资，是有用性的对价，是针对拿出成果、带来利益、产生价值的有用性而支付的东西。这个机制，无论过去还是将来都不会发生改变。经济繁荣的时候，这样的机制比较宽松。不过就算宽松，也能运转得开。本来应该为有用性而支付的工资，也在向那些没有产出相应的有用性的人支付。如果获得的工资超过了自己产出的有用性，那么就相当于透支了自己的有用性，产生了负债。也可以说是向公司借了款。如此纵容员工并发放借款的人，正是公司的经营者。

当社会环境变得严峻，再也无法获得跟以前同样水平的工资的人，明显就是以前拿到的工资已经超过了自己的有用性的那一部分人，也就是无形之中向公司借了款的那些人。

如果经济持续向好，这其中的有些人可以带着借款安全地离开公司。但是，在今后的社会环境下，谁借了款，都会如实地反映出来。

日常工作中，有的员工不仅不会借款，还会边工作边存款。这些人就是为组织利益做出贡献的人。对这些早有准备的人来说，面对严峻而危险的形势，他们不会

惊慌失措，危险的挑战反而非常有必要。

公司经营者是让员工借款还是存款呢？经营者的态度不同，员工的人生也会大不一样。

经营者和员工的压力

公司经营者，会感受到来自公司的压力。正因为压力的存在，他们才会想尽办法让公司生存下去。经营者必须要将这样的压力传递给自己的员工。如果公司经营者顾虑每个员工的情况，那么所有的压力都需要自己一个人扛、一个人来消化，那么相当于他剥夺了所有员工生存的能力。

曾经的我也认为，比较好的做法是由经营者消化所有的压力，尽量不把压力向下传递给员工。但是，后来我注意到，如果不给员工施加压力，实际上完全不是为员工着想。

其实，对于员工的感情我一直都没有改变，进入我公司的员工对我来说都是非常重要的。只是我终于知道了为员工着想的正确方法和爱员工的正确方法。那就是，给予员工恰到好处的压力。

有特别在意"员工满意度"的经营者，也有希望"员工快乐工作"并为此努力的经营者。但是，这样的做法只是聚焦于员工当前的利益。事实上，不能只看当前，一定要着眼于包含当前在内的未来长久的利益。我们所追求的也应该如此，这在未来会变得越来越重要。

后 记

关于我们的成长之路

我们公司在创业3年11个月后成功上市。

一般情况下，公司上市前需要聘请一名经验丰富的首席财务官（CFO），还要委托专业的咨询公司来协理上市事宜，就算这样仍然有可能不成功。而我们公司，没有一个员工曾经有过公司上市的经验，我们也没有委托咨询公司，仅仅靠我们自己就顺利实现了上市。

一般情况下，很多公司上市都会延期1～2年，但我们上市的时间并没有延期，很顺利就完成了。

相关部门在给我们公司进行上市审查时，给出的最高评价是"对需整改事项的改善速度非常快"。在我们公司，我说"向右"，所有人都会立即向右行动。只是，我们不一定能立即找出正确的答案。

"虽然一开始说了向右，但其实左边是对的。"

"不，实际上可能还是右边。"

像这样，我们经常在不断试错中前进。如果发现方向错了，公司员工会立即调转方向。而在其他公司，可能还需要向员工解释为什么向右走，并征询大家往右走是不是合适。

在我们公司不需要这样征询，所以，在反应速度慢的公司试错2次的时间内，我们可以试错3次。从结果来看，我们能先找到正确答案并取得胜利。组织的运营管理就是尽全力不断累积一个又一个小成功。

如果有的人没有失败，一下子就找到了正确答案，我觉得他应该具备了特殊技能。但是，这样的人并不是每一次都能成功的，即便这一次"一枪击中"，但以后呢？连续击中目标才是商业竞争能够获胜的关键。

做生意是一场需要长期坚持的持久战。没有人能每一次都一次击中。

每个人各自擅长的领域不同，能使用特殊技能的情况也不一样，不可能每一场"战争"都能取胜。而且，在未来并不明朗的当下，从结果来看，谁跑得快，谁就可能取胜。

虽然我在上文中说速度很重要，但是如果希望公司"最好不要产生浪费""损失越少越好"，那么经营者反而陷入了经营的陷阱之中。如果把员工的"尝试与试错"当作"损失"来看待，只是为了追求速度，经营者会选择从一开始就告诉员工正确答案，并手把手地教会员工。但这样的想法是不对的。

人只会随着经验的增加而成长。如果为了将来提升速度而积累经验，就算是损失，也会变成成长的基石，在失败和损失上花时间是值得的。

如果从一开始就告诉员工正确答案，虽然当时速度确实加快了，但是最终速度反而会变慢。因为下属如果没有成长，从长远角度来看，将来速度一定会下降。

为了让管理者能具备长远的视角和眼光，我们公司会让经理不要在意一个人的业绩数字。即便是负责实际业务的经理，业绩数据低的人也能得到较高的评价。

如果需要管理者去提高销售数据，这样的状态并不好。就算通过总经理和各级管理人员的进一步努力，销售额提高了1亿～2亿日元，但这样做没有任何意义。因为没能把下属培养起来。请一定要站在长远的视角，耐心等待下属成长。

写到这里，本书的内容也快结束了。

在本书的写作过程中，我想起一个人，那就是我在早稻田大学橄榄球部的时候，时任橄榄球部教练的清宫克幸先生。

清宫先生可以说就是一位戴着"管理者的假面"的人。他经常面无表情，是一位让人感到威严十足的指挥官。他总是非常严肃，只抓事实本身，带领橄榄球队变得越来越强大。

我印象最深的一次发生在我大学四年级的时候，在最后一次比赛中输球后的第二天。我本以为自己即将退出橄榄球部，大家会因离别而伤感，但是当时教练的做法却是回放当天比赛的录像，直接指出"这次失败的原因在于这位大四的球员"，然后开始给我们做比赛的复盘解说。考虑到大四学生即将退出橄榄球部，还直接点名指出我是"本次输球的原因"，这让我非常难受，当然对于清宫先生来说我想他也不会感到开心。

但是，考虑到球队的未来，更考虑到我今后的成长，清宫先生判断"在这个场合直接指出问题"是正确的方法。第二年，球队参加比赛的时候，他们把我那次输球的原因写成了球队口号，并命名为"终极粉碎"（ultimate crush）。他成功地把球队打造成了一支"如果能做，就能取胜"的强大队伍。那年球队取得了极大的成功，时隔13年重新获得了日本学生组第一。

　　当时，如果教练只是开了一场送别会，鼓励和感谢我以前在球队的付出，我想可能就不会有后来球队辉煌的成绩了。

　　那之后过了很多年，当我了解到了有关识学的理念时，我理解了清宫先生管理之下的球队为什么变得如此强大。

　　本书的前言部分也曾说到，"管理者的假面这个说法不过是一个比喻"。对于现在的我来说，管理者的假面和"素颜"一样。"这是可以拯救日本经济的管理方法"，我开始如此坚信。现在我正致力于将这一管理方法推广至整个日本。

　　好领导的话语，终会产生好的效果。

后 记
关于我们的成长之路

最后，衷心希望我的这本书能在未来帮到大家，终有一天大家能明白我在书中所写的内容，那时我想你们会发出如此感慨："那个时候听起来严厉的话语，现在看来，真是忠言逆耳啊。"